Couverture inférieure manquante

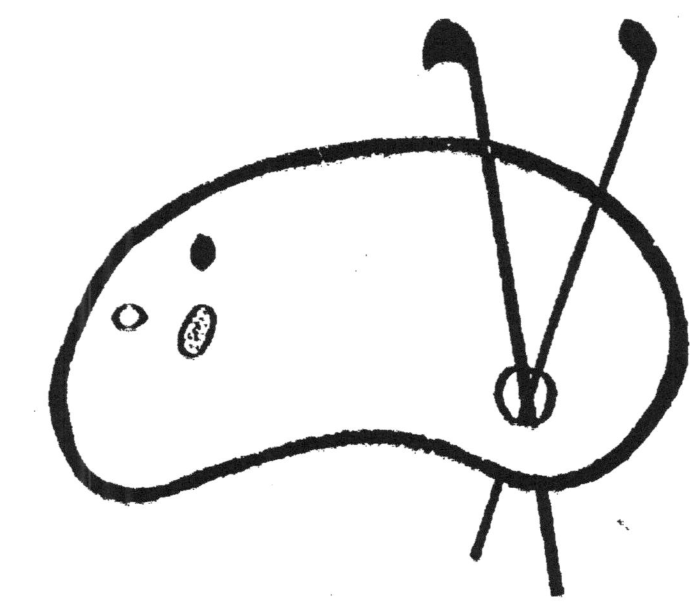

ORIGINAL EN COULEUR
NF Z 43-120-8

Comte Henry de CASTRIES

MOULAY ISMAIL ET JACQUES II

UNE APOLOGIE DE L'ISLAM

PAR

UN SULTAN DU MAROC

PARIS
ERNEST LEROUX, ÉDITEUR
28, RUE BONAPARTE, VIe

1903

MOULAY ISMAIL ET JACQUES II

UNE APOLOGIE DE L'ISLAM

PAR

UN SULTAN DU MAROC

ANGERS, — IMPRIMERIE ORIENTALE A. BURDIN ET Cie, 4, RUE GARNIER

Comte Henry de CASTRIES

MOULAY ISMAIL ET JACQUES II

UNE APOLOGIE DE L'ISLAM

PAR

UN SULTAN DU MAROC

PARIS
ERNEST LEROUX, ÉDITEUR
28, RUE BONAPARTE, VIe
1903

TABLE DES MATIÈRES

Pages.

MOULAY ISMAIL 11

JACQUES II 35

Lettre de Moulay Ismâïl à Jacques II.

Traduction française du texte arabe 56

Lettre de Moulay Ismâïl à Jacques II.

Traduction française du texte espagnol . . . 101

APPENDICE I. — La Révolution d'Angleterre et la fuite de Jacques II en France. Récit d'un ambassadeur marocain (1690-1691). 105

APPENDICE II. — Lettre du roi de Maroc (Moulay el-Oualid) au roi d'Angleterre (Jacques Ier) (1637). Traduction anglaise. 109

Traduction française de la version anglaise. . 113

INDEX des noms de personnes 118

TEXTE ARABE

TABLE DES PLANCHES

I. — Portrait de Moulay Ismâïl (Moñette).

II. — Portrait de Moulay Ismâïl (Larmessin).

III. — Portrait de Jacques II (A. Trouvain).

IV. — Fac-similé de la lettre arabe.

V. — Fac-similé de la lettre espagnole.

Pl. I.

Mouley Semein el Heusenin frere et successeur de Mouley Archy aux Roy[mes] de Fez de Maroc, de Tafilet. &c.

MOULAY ISMAIL ET JACQUES II

UNE APOLOGIE DE L'ISLAM

PAR

UN SULTAN DU MAROC

Il existe aux archives des Affaires Étrangères, dans la correspondance politique (Maroc), deux lettres de l'empereur Moulay Ismâïl datées du 26 février 1698 et adressées à Jacques II. On sait que l'ex-roi d'Angleterre, réfugié en France depuis la révolution de 1688, vivait à Saint-Germain-en-Laye, où la fastueuse hospitalité de Louis XIV lui avait reconstitué une cour.

Les deux lettres de Moulay Ismâïl sont écrites l'une en arabe[1], l'autre en espagnol. Celle-ci, qui

1. L'original de la lettre arabe, accompagné de sa traduction par Pétis de la Croix, secrétaire interprète du roi pour les langues orientales, se trouve au fonds *Maroc. Correspondance*, 1, f°s 42-45 pour la traduction, et fol° 46 pour le texte arabe. Le fonds *Angleterre* (*Stuarts*), *Mém. et Doc.*, 75, f° 54

est sans doute parvenue au destinataire par une autre voie[1], n'est qu'un résumé de la première dont nous allons donner une brève analyse.

La religion et la politique se partagent inégalement la lettre chérifienne. La partie religieuse, de beaucoup la plus importante, est traitée avec de grands développements par le sultan marocain qui nous apparaît comme un théologien très versé dans la science du Coran et dans celle des *ḥâdît*[2].

contient aussi une traduction inachevée de la lettre arabe qui est peut-être un commencement de brouillon de l'interprète. Cette pièce de nulle valeur est seule mentionnée dans l'inventaire sommaire des Archives des Affaires Étrangères.

1. *Aff. Étr. Maroc, Correspondance*, 1, f°s 40 pour la traduction et 41 pour le texte espagnol. — Les destinées de l'Espagne et du Maroc ont été si longtemps mélangées que la langue espagnole était très en usage dans l'empire des chérifs à la fin du xviie siècle. Nous croyons cependant que Moüette généralise trop, quand il écrit, à la date de 1682, que cette langue « y est encore aujourd'huy aussi commune que l'arabe ». *Relation de la captivité du Sr Moüette dans les royaumes de Fez et de Maroc...* Paris, 1682, in-12. *Préface.* — Un captif français, Bernard Bausset, enseignait la langue espagnole aux enfants de Moulay Ismaïl. *Ibid.*, p. 94.

2. Le Coran est la parole de Dieu et rien que la parole de Dieu. Envisagé à ce point de vue, il ne saurait être comparé à l'Évangile qui ne renferme pas seulement la parole de Dieu, mais contient aussi les récits des évangélistes. Ces récits nous faisant connaître les diverses circonstances dans lesquelles le Christ a accompli sa prédication ont une importance capitale pour fixer et préciser l'enseignement divin. Les ḥâdît sont les traditions relatives aux paroles, aux silences, aux actes, aux gestes du prophète arabe en telle ou telle circonstance et c'est

C'est une apologie de l'islam en même temps

leur recueil qui, dans la religion musulmane, pourrait être plus justement comparé à l'Évangile. Le Coran ne contenait que les germes d'une législation religieuse et civile; les ḥâdit ont fourni aux théologiens et aux légistes les matériaux d'où est sorti le système de la *Sunna*, la loi traditionnelle de l'islam. « Tous les fondateurs de religions ont dû être entourés et suivis de traditionnistes, mais nous ne voyons nulle part une institution pareille à celle qui s'est développée après la mort de Mahomet et une avidité semblable à recueillir toutes les paroles et tous les gestes du législateur. » Kremer, *Journal Asiatique,* 6e série, II, pp. 33, 34. — Les ḥâdit récoltés par milliers étaient loin de présenter les mêmes garanties d'authenticité et il se créa une science des *traditions* avec ses règles et ses principes de critique. Tout ḥâdit, pour être accepté, dut être appuyé de son *isnâd,* sorte d'arbre généalogique donnant les noms de tous ceux par la bouche desquels il avait été transmis, avant d'être consigné par écrit. « Les Arabes, dit J. Mohl, sont je crois le seul peuple qui ait entouré ses souvenirs de ce contrôle qui déterminait le degré d'authenticité de chaque récit, selon la valeur du nom des garants. » *Journ. Asiat.*, 5e série, t. VI, p. 32. — Il existe six collections de ḥâdit; l'une des plus célèbres est celle de Boukhari intitulée *Kitâb Saḥiḥ el-Boukhari.* Étant donnée la très grande importance des ḥâdit, il est étonnant que ce livre n'ait pas encore été traduit, alors que la première traduction du Coran remonte à 1141 (elle fut faite en latin, sur le conseil de Pierre le Vénérable par Pierre de Tolède, Herman de Dalmatie et Robert Kennet). Il faut savoir grand gré au savant professeur, M. Houdas, d'avoir entrepris ce travail considérable. On ne connaîtra l'islam que lorsqu'on possédera une bonne édition du Saḥiḥ avec traduction, tables, index et concordances. Parlant du Coran et des ḥâdit, Ibn Khaldoun a dit : « La religion a pour base ces deux livres. » *Prolégomènes*, II, 318.

qu'une réfutation du christianisme qu'entreprend Moulay Ismâïl. Il reproduit les arguments ou les affirmations de cette vieille controverse : Dieu est unique ; c'est de l'anthropomorphisme que de lui attribuer un fils et la Trinité est un trithéisme. Jésus est bien le Messie, le Verbe de Dieu et le fils de Marie, « la vierge intémérée », mais il n'a jamais prétendu au titre de fils de Dieu. Il n'a été ni tué ni crucifié, mais Dieu l'a élevé jusqu'à lui et il réapparaîtra à la fin des temps. Moulay Ismâïl tire alors d'un ḥâdît relatif au deuxième avènement du Messie un argument qu'on pourrait appeler argument eschatologique pour prouver la supériorité de l'islam sur le christianisme. Lorsque le Messie, d'après cette Tradition, reviendra sur terre, il fera la prière musulmane, rangé comme un simple fidèle, derrière le Mahdi qui remplira les fonctions d'imam[1]. Ce dernier acte du Messie

1. L'imam est celui qui dirige la prière publique ; il se place en avant des fidèles qui conforment leurs mouvements aux siens et leur récitation à la sienne. On sait que le musulman doit prendre pendant la prière des postures différentes : debout, fléchissant seulement la moitié supérieure du corps, prosterné le front à terre, etc. Chacune de ces positions du corps est appelée *rka* et ce nom s'applique également à la prière se faisant dans cette position ; la prière complète ne comporte pas moins de huit *rka*. Comme elle se fait autant que possible en commun, on conçoit la nécessité de l'imam pour obtenir l'ensemble dans l'exécution. Par extension le nom d'imam a été donné à celui qui est investi du souverain pouvoir (spirituel et temporel) et auquel les musulmans doivent obéir, comme on obéit à l'imam qui dirige la prière.

est considéré par les musulmans comme sa solennelle adhésion à l'islam, après quoi les temps seront accomplis.

A ces preuves d'ordre théologique en faveur de la vérité de l'islam, Moulay Ismâïl en ajoute une tirée de l'acquiescement de princes chrétiens tels que le Négus d'Abyssinie et l'empereur Héraclius[1] à la doctrine de Mahomet. Enfin il termine sa controverse par un argument d'une puérilité dérisoire[2].

L'objet non dissimulé de cette première partie de la lettre est d'amener Jacques II à se faire musulman : « Croyez-moi, lui dit Moulay Ismâïl, suivez cette religion qui est la véritable[3] ».

Le souverain marocain, se plaçant dans la deuxième partie de sa lettre sur le terrain des intérêts politiques, donne à l'ex-roi d'Angleterre le conseil de revenir, à tout le moins, au protestantisme qui est la religion de ses sujets dont il s'est aliéné la fidélité en se faisant catholique. « Que si vous voulez, écrit-il, persévérer dans votre religion infidèle [le christianisme], il est certain que celle de votre nation anglaise est plus légère et plus commode pour vous que l'adoration de la croix et l'obéissance à ceux qui donnent un fils à Dieu,

1. V. p. 87.
2. V. p. 91.
3. V. p. 93. Moulay Ismâïl s'adressait à un roi qui avait déjà changé de religion.

alors qu'ils en refusent à leurs moines. Quel avantage trouvez-vous à vous être sorti de la religion de vos pères et aïeux pour embrasser une religion autre que celle de votre peuple? Et quoique, en général, toutes vos sectes soient un tissu d'erreurs et de fourvoiement, cependant votre véritable secte à vous est celle d'Henric[1] qui est plus raisonnable que les autres qui sont embourbées dans l'infidélité[2] ».

Moulay Ismâïl termine sa lettre, en offrant éventuellement à Jacques II son concours pour une descente en Angleterre. Il serait heureux de contribuer au renversement de Guillaume d'Orange et laisse percer sa haine contre les Hollandais. « Par le grand Dieu! je ne puis souffrir que votre maison et votre royaume soient en la puissance et sous le gouvernement d'un Hollandais! » Il engage le roi exilé à quitter secrètement la France et à se réfugier en Portugal; Jacques II y retrouvera sa belle-sœur la reine Catherine qui a conservé un peu d'autorité sur le parlement anglais, et il sera plus à proximité pour s'entendre avec le Maroc au sujet d'une action commune[3].

1. Henri VIII.

2. V. p. 96.

3. V. p. 98. La question se pose de savoir si cette lettre fut remise à Jacques II; elle devait, dans l'esprit de Moulay Ismâïl, rester ignorée de Louis XIV, si l'on en juge par le passage où le souverain marocain conseille à l'ex-roi d'Angleterre de quitter secrètement la France. Toujours est-il qu'elle fut traduite par l'interprète de Louis XIV et que l'original

La lettre espagnole est, ainsi qu'il a été dit, un résumé de celle qui vient d'être analysée; la partie religieuse y est très écourtée; un musulman ne pourrait, sans déroger, dicter, pour être traduites en espagnol, les citations du Coran et des ḥâdît qu'elle comporte.

Il a paru intéressant de placer en tête de ces pages les traits de Moulay Ismâïl[1] et de Jacques II

arabe a été conservé dans les Archives françaises. Il en est de même de la lettre espagnole. V. p. 101.

1. L'iconographie de Moulay Ismâïl n'est pas chargée; elle ne comprend que deux portaits d'une égale insignifiance. Le premier qui figure en tête de ces pages est emprunté à l'ouvrage de Mouette intitulé *Histoire des conquêtes de Mouley Archy..... et de Mouley Ismaël.....* Paris, 1682, in-12. Le second, Pl. II se trouve dans l'œuvre de Larmessin (l'Armessin) Bibliothèque Nationale, section des Estampes E d. 91, p. 63. La question d'authenticité ne se pose même pas pour ces portraits faits d'imagination. Larmessin a représenté, en pure fantaisie, une série de souverains exotiques tels que Tombut, roy de Guinée, le Roy de la Floride et le puissant Roy de Congo dans l'Esthiopie Inférieure; son Moulay Ismâïl ne dépare pas la collection : il porte un turban invraisemblable orné d'une aigrette et surmonté d'une couronne à l'antique. Au bas du médaillon, l'artiste a dessiné des armoiries fictives : d'argent au lion issant de sable, lampassé de même; au chef de sinople chargé d'un croissant d'argent; l'écu sommé d'une couronne à l'antique à cinq rayons.

Il est préférable, pour se faire une idée des traits de Moulay Ismâïl, de se reporter aux descriptions des auteurs contemporains :

« Mouley Ismâïl, roy de Fez, de Maroc et de Tafilet est âgé de 37 ans, assez haut, mais de taille fort déliée, quoiqu'il

reproduits d'après des gravures du temps ; mais il a semblé plus utile encore de fixer la physionomie morale de ces deux princes, « car il profite moins au lecteur de voir les linéaments du visage de celui qui l'enseigne, que ceux de son âme, pour recevoir les jugements des choses avec le trébuchet en la main[1] ». Or si les linéaments de l'âme du frivole Jacques II sont familiers, on connaît moins ceux de Moulay Ismâïl, de ce sultan que les relations des auteurs européens ont représenté comme le dernier des monstres, alors que sa mémoire est révérée au Maroc où il est appelé encore aujourd'hui le « grand et le pieux sultan ». Moulay Ismâïl se révèle dans cette lettre comme un théologien de l'islam, et c'est bien là le phéno-

paraisse assez gros à cause de ses habits. Son visage qui est d'un châtain clair est un peu long et les traits en sont bien faits; il porte une longue barbe qui est un peu fourchue. » *Mouette*, 1681.

« Il est âgé de 49 à 50 ans, bazanné, maigre et d'un poil noir qui commence à grisonner; sa taille est médiocre, son visage ovale, ses joues enfoncées aussi bien que ses yeux qui sont noirs et pleins de feu, le nez en est petit et aquilin, le menton pointu, les lèvres grosses et la bouche assez bien proportionnée. » PIDOU DE SAINT-OLON, 1693. V. *Relation de ce qui s'est passé dans les trois voyages que les religieux de l'Ordre de Notre-Dame de la Mercy ont faits dans les États du roy de Maroc*, Paris, 1724, in-16, p. 148. — BUSNOT, *Histoire du Regne de Mouley Ismael...* Rouen, 1714, in-12, p. 37.

1. AGRIPPA D'AUBIGNÉ, *Histoire universelle*, t. I, Préface, p. 9, Édition de Ruble 1886.

mène le plus déconcertant pour notre mentalité d'aryen et de chrétien que ce despote, aux instincts sanguinaires, discutant les vérités de sa religion et cherchant à amener à sa croyance ce roi d'Angleterre converti au catholicisme et auquel il reprochait d'avoir perdu son royaume « pour adorer des images[1] ».

1. V. la lettre espagnole, p. 102.

Pl. II.

LE GRAND CHERIF MOVLEY SEMEIN ou ISMAEL
Roy de Maroc, Fez, Tafilet et Autres Provinces Ports et
Villes Maritimes dans la Mauritanie en Affrique, Frere
et Successeur de Moulé Arxid ce Prince est Vaillant et hardy
Mais fort Cruel et Inhumain ce faisant Son Plaisir de respandre
le Sang Coupable ou Innocent, il regne plus par Sa Cruauté que par Sa
douceur, &c, il a Envoyé en France en 1682, Vn Ambassadeur nommé hadgy
Mehemed Temmin, pour faire Amitié avec le tres Puissant Monarque
Louis le Grand, et pour l'Establissemt. du Commerce Entr'eux, &c,

A Paris chez la Veuve Bertrand Rue S. Jacq. à la Pomme d'Or pres S. Severin. Avec Privil. du Roy.

MOULAY ISMAIL

Moulay Ismâïl[1], le deuxième sultan de cette dynastie des chérifs filaliens qui est encore aujour-

1. Sources anglaises. — Phelps (Thomas), *A True Account of the Captivity of Thomas Phelps at Machaness in Barbary...* London, 1685, in-4. — Brooks (Francis), *Barbarian cruelty, being a true history of the distressed condition of the Christian Captives under the tyranny of Muley Ismael...* London, 1693, in-8. — Ockley (Simon), *An account of South west Barbary...* London, 1713, in-12. — Windus (John), *A Journey to Mequinez.* London, 1725, in-8. — Pellow (Thomas), *The History of the Long Captivity and Adventures of Thomas Pellow in South Barbary...* Brown's Ed. London, 1890, in-8. — [Jardine (Lieut.-col. A.)], *Letters from Barbary...* London, 1788, 2 vol. in-8. — Budgett Meakin, *The Moorish Empire, A Historical Epitome.* London, 1899, in-8.

Sources arabes. — El-Oufrani, *Nozhet el-Hâdi... Histoire de la dynastie Saadienne au Maroc.* Traduction française par O. Houdas. Paris, 1888-89, in-8. — Ez-Zaïani, *Et-Tordjemân el-moarib... Fragment relatif à l'histoire du Maroc de 1631 à 1812. Traduction française par O. Houdas.* Paris, 1886, in-8. — En-Nassiri, *Kitab el-Istiqça... Histoire du Maroc.* Le Caire, 1895, 4 vol in-8.

Sources espagnoles. — Del Puerto (Fr. Francisco de San-Juan), *Mission historial de Marruecos.* Sevilla, 1708, in-fol. — Castellanos (Fr. Manuel Pablo), *Historia de Marruecos, ter-*

d'hui sur le trône du Maroc, après être arrivée au pouvoir vers 1660, succéda à son frère Moulay er-Rechid en 1672. Pendant un long règne de cinquante-cinq ans qui, dans l'histoire du Maroc, peut être appelé le siècle de Moulay Ismaïl, il fut la personnification la plus complète, dans ce qu'elle a de meilleur et dans ce qu'elle a de pis, de la théocratie chérifienne, le type le plus achevé de ces tyrans de droit divin dont, seules, les races sémitiques nous présentent quelques exemplaires. Pour trouver un souverain auquel ce sultan du

cera edicion. Tanger, 1898, in-8, et *Apostolado serafico en Marruecos.* Madrid, 1896, in-8.

SOURCES FRANÇAISES. — MOÜETTE (G.), *Relation de la captivité du sieur Moüette...* Paris, 1682, in-12, et *de Mouley Archy... et de Mouley Ismaël...* Paris, 1682, in-12. — SAINT-OLON (PIDOU DE), *Estat Présent de l'Empire de Maroc.* Paris, 1694, in-12. — BUSNOT (LE PÈRE DOMINIQUE), *Histoire du règne de Mouley Ismaël...* Rouen, 1714, in-12. — [NOLASQUE (R. P.)], *Relation de ce qui s'est passé dans les trois voyages que les religieux de l'Ordre de Notre Dame de la Mercy ont faits dans les états du roy de Maroc...* Paris, 1724, in-16. — LA FAYE (LE PÈRE JEAN DE), *Relation en forme de Journal du voiage pour la rédemption des Captifs aux roiaumes de Maroc et d'Alger*, Paris, 1726, in-16. — [SERAN DE LA TOUR], *Histoire de Mouley Mahamet, fils de Mouley Ismael, Roy de Maroc.* Genève, 1749, in-12. — [DUBOIS-FONTANELLE], *Anecdotes Africaines*, Paris, 1775, in-8. — CHÉNIER (LOUIS SAUVEUR DE), *Recherches historiques sur les Maures...* Paris, 1787, 3 vol. in-8. — THOMASSY, *Le Maroc, Relations de la France avec cet empire.* Paris, 1859, in-8. — GODARD (ABBÉ LÉON), *Description et Histoire du Maroc.* Paris, 1860, 2 vol. in-8. — PLANTET (EUGÈNE), *Mouley Ismaël...* Paris, 1893, in-8.

XVIIIe siècle puisse être comparé, il faut remonter dans le passé, jusqu'à l'histoire d'Israël, au règne de Salomon.

Comme le fils de David et de Bethsabée, Moulay Ismâïl avait reçu du ciel ce don de la *houkma* qui est moins celui de la sagesse que celui de la domination, de l'autorité, de la prise sur les hommes. Le premier était de la famille qu'Iahvé s'était choisie en Israël, le second appartenait à la descendance bénie de Mahomet et passait à bon droit pour le glaive de Dieu[1]. L'un et l'autre furent des chefs de religion en même temps que des chefs d'État et l'on ne vit pas plus surgir de marabout ou de mahdi sous Moulay Ismâïl que l'on ne vit s'élever de prophète sous Salomon. Moins sanguinaire que Moulay Ismâïl qui fut bourreau de ses sujets et de sa propre famille, Salomon fit cependant périr tous ceux qui lui portaient ombrage. Les deux rois furent de grands bâtisseurs de palais et courbèrent leurs peuples sous un travail abrutissant; tous deux organisèrent leur armée et créèrent pour leur garde personnelle un corps de cava-

1. السلطان ظل الله ورمحه في الارض. Le sultan est l'ombre de Dieu et sa lance sur la terre. *Hâdit.* — Le jurisconsulte Abou Abdallah Mohammed el-Djezouli, dans un poème composé en l'honneur de Moulay Ismâïl, s'écrie :

« O Moulay Ismâïl, ô soleil du monde, ô toi à qui tous les être créés suffiraient à peine comme rançon :

« Tu n'es autre chose que le glaive de la Vérité que Dieu a tiré du fourreau pour le remettre à toi seul parmi les khalifes. » EL-OUFRANI, p. 510.

liers étrangers qu'ils opposèrent à leurs propres sujets. Enfin, pour compléter cette ressemblance, ils furent l'un et l'autre très adonnés aux femmes et surpassèrent les rois du monde par le nombre de leurs épouses et de leurs concubines; le harem de Moulay Ismaïl égala celui de Salomon. Le puissant souverain d'Israël s'était attaché par un très ardent amour à des femmes étrangères à sa nation; il avait aimé des filles de Sidon, de l'Idumée et de l'Égypte, voire même la noire Sulamite. Moulay Ismaïl aima des Soudanaises[1], des

1. Les Sémites — et nous employons ce mot sans lui donner une précision scientifique — n'éprouvent aucune répulsion physique pour la femme de couleur; tout au contraire ils sont très sensibles à ses charmes. « Il y a dans les noires, dit l'auteur d'*Antar*, une expression telle que si tu en pénétrais le sens, tes yeux ne regarderaient plus ni les blanches ni les brunes. La souplesse de leur corps, la magie de leurs regards sont plus puissantes que la sorcellerie elle-même. » Les accents si passionnés et si voluptueux du « Cantique des cantiques » témoignent de cette séduction exercée par les « noires ». La Sulamite était de couleur : « Nigra sum sed formosa », I, 4. Les Aryens ont, au contraire, une répugnance naturelle pour la femme noire et même pour l'homme de couleur ; cette aversion est réciproque. Les Arabes convaincus de l'infériorité de la race nègre sont, dans la pratique, beaucoup plus rapprochés d'elle que les Européens; ils ont beau s'injurier en s'appelant : *ould el Khadem* (fils de négresse), leurs marabouts et leurs chérifs prennent souvent des épouses de couleur. L'Européen, qui proclame bien haut l'égalité des races, dément dans la pratique cette théorie égalitaire. Il n'y a rien de plus instructif à cet égard que le roman bien connu de

Géorgiennes et des Espagnoles; il rêva d'épouser une fille de Louis XIV et fit demander par son ambassadeur Ben Aaïcha la main de la princesse de Conti.

L'imagination cohérente des aryens et surtout la mentalité chrétienne ont peine à concevoir des caractères manquant à ce point d'unité et formés d'éléments aussi disparates[1]; il nous répugne d'associer le sentiment religieux aux plus graves écarts de notre loi morale, voire même de la loi naturelle, et c'est pourquoi il nous est presque impossible de porter un jugement d'ensemble sur tel roi d'Israël ou sur tel souverain musulman. Le mieux est de raconter ce qu'ils furent, en s'abtenant des épithètes injurieuses ou laudatives, de se borner à analyser, c'est-à-dire à résoudre en leurs éléments ces caractères composés que nos esprits peuvent difficilement reconstituer et faire revivre par la synthèse. Pour n'avoir pas appliqué ces principes, pour avoir méconnu la mentalité complexe

Mistress Beecher Stowe *La Case de l'oncle Tom*. Traduction L. Enault. Paris, 1897, in-12.

1. Ce manque d'unité n'est pas exclusivement propre au sémite; il est inhérent à l'humanité. Nos historiens et nos littérateurs ont eu le tort de généraliser dans leurs ouvrages ces caractères tout d'une pièce qui le plus souvent ne répondent pas à la réalité. Certains caractères aryens présentent des contradictions impossibles à résoudre. « L'esprit humain, dit Montesquieu, sait séparer les choses les plus unies et unir celles qui sont les plus séparées. » *Défense de l'Esprit des Lois. Seconde partie. Climat.*

du musulman, les voyageurs et les agents chrétiens ont, dans leurs « fidèles et très véridiques relations » tracé de Moulay Ismaïl des portraits poussés au noir; ils ont représenté comme un despote cruel, avide, débauché, ne pratiquant sa religion que par hypocrisie[1] ce prince que l'historien El-Oufrani regarde comme « le médaillon du collier précieux qu'ont formé les illustres enfants de Moulay ech-Chérif[2] », ce prince dont la mémoire est encore aujourd'hui vénérée au Maroc où, comme nous l'avons dit, il est appelé « le grand et le pieux sultan ».

Cruel, Moulay Ismaïl le fut à l'excès, à un degré qui tenait de la maladie[3]; sa frénésie sanguinaire

1. Cette accusation d'hypocrisie religieuse est courante dans la bouche des chrétiens jugeant les musulmans, sans les avoir longtemps pratiqués. L'humanité intolérante ne peut accorder la valeur d'un acte religieux aux prières et aux cérémonies d'un culte qui n'est pas le sien. M. Plantet qui s'est borné à reproduire les appréciations des auteurs contemporains écrit avec une grande sincérité : « La religion d'Ismaël était pleine d'hypocrisie. » *Loc. cit.*, p. 9, ce qui est absolument inexact.

2. *Loc. cit.*, p. 494.

3. La folie homicide est une maladie mentale classée dont le fameux Gilles de Laval (Barbe-Bleue) est un exemple historique. Il y aurait quelques rapprochements à faire entre le terrible Maréchal de Rais et Moulay Ismaïl. On sait que le premier continuait ses pratiques de dévotion au milieu des meurtres les plus abominables. Alors que les sujets de Moulay Ismaïl auraient attribué à des crises passagères de folie les excès sanguinaires de leur souverain, ils n'en auraient conçu que plus de respect pour sa personne, car ses emportements eus-

s'exerçait à la fois sur ses sujets, sur les membres de sa famille et sur les esclaves chrétiens. Le nombre de ses victimes évoque l'idée de massacre et les chiffre cités par les auteurs européens paraîtraient peu dignes de foi, si nous ne les trouvions reproduits dans les rapports des consuls. « Enfin, écrit l'un deux, de dire que le Roy de Maroc, depuis vingt-six ans de règne, ait fait mourir 36.000 hommes de sa main, cela paraît fabuleux; cependant il est très certain et une raison qui n'en laisse aucun doute, c'est qu'un pauvre esclave espagnol qui était à ce prince avant qu'il fût roy, et qui est mort depuis un an et demi, avait noté tous les meurtres que ce prince avait faits lui-même, depuis qu'il était Roy; il marque dans son mémoire 36.000; après quoi, on n'a plus rien à dire de sa cruauté[1] ». Moulay Ismâïl, d'une grande vigueur

sent été considérés comme des irruptions de l'esprit de Dieu. V. ci-après, p. 21.

1. *Aff. Étr., Maroc. Mém. et Doc.* III, f° 153, *Mémoire d'Estelle, consul de Salé.* On peut trouver insuffisante l'autorité de cet esclave espagnol; il n'en est pas moins vrai que cette histoire avait cours parmi les chrétiens détenus en captivité au Maroc et nous la retrouvons dans une relation des PP. de la Mercy: « Un esclave chrétien, écrit le R. P. Nolasque, ayant entrepris d'écrire l'histoire de Moulay Ismâïl, a été tellement touché de tous les massacres qu'il a faits par lui-même de ses sujets qu'il n'a pas eu le courage de continuer. » *Relation de ce qui s'est passé dans les trois voyages que les religieux de l'ordre de Nostre Dame de la Mercy ont faits dans les états du roy de Maroc*, p. 34. Le sieur Pidou de Saint-Olon envoyé par Louis XIV en ambassade au Maroc est aussi explicite. « Il aime si fort à ré-

physique, d'une agilité et d'une adresse extraordinaires, semblait, dans quelques-unes de ses exécutions sanglantes, rechercher, comme dans un sport, le mérite de la difficulté vaincue. « Partout où il peut mettre la main, raconte le R. P. Busnot, il s'élance d'un plein sault et l'un de ses divertissements ordinaires est, dans un même temps, de monter à cheval, de tirer son sabre et de couper la tête à l'esclave qui lui tient l'étrier. » C'était le plus intrépide cavalier du Maroc et Moüette, « qui n'a eu que trop le loisir de l'observer pendant sa longue captivité », raconte qu'il l'a vu plusieurs fois debout sur ses étriers, tenant l'un de ses fils sur un bras, une lance dans l'autre main et courant ainsi une longue carrière, sans laisser faire un faux pas à son cheval.

Les cruautés de Moulay Ismaïl, si atroces qu'elles nous paraissent, étaient parfois des actes de justice, justice très sommaire, il est vrai, mais qui faisait partie du régime de terreur par lequel ce sultan assurait la sécurité publique contre tout danger, excepté contre celui de ses propres excès. Ces châtiments barbares sont dans la tradition sémitique, et c'est à l'histoire immuable des peuples

pandre le sang par lui-même, écrit-il, que l'opinion commune est que, depuis 20 ans de règne, il faut qu'il ait fait mourir de sa main plus de 20.000 personnes, ce que je pourrais d'autant mieux présumer et confirmer que j'en ai compté jusqu'à 47 qu'il a tués pendant 21 jours que j'ai passés dans sa cour. » Pidou de Saint-Olon, *loc. cit.*, pp. 61, 62. V. Busnot, p. 46.

d'Orient et non à celle des nations européennes au XVIIIe siècle qu'il faut se référer pour les apprécier. Ainsi en usaient l'Hébreu, l'Héthéen, le Chananéen et le Phéréséen. Quand Siméon et Juda rejoignent dans sa fuite Adonibezec, ils lui coupent les pieds et les mains, et Adonibezec qui, au temps de sa prospérité, avait ainsi châtié ses ennemis s'écrie : « Soixante-dix rois, les extrémités de leurs mains et de leurs pieds ayant été coupés, ramassaient sous ma table les restes des aliments : comme j'ai fait, ainsi Dieu m'a rétribué[1] ». Lorsqu'on amène, devant Samuel, Agag, le roi d'Amalec, « fort gras et tremblant », Samuel « le coupe en morceaux devant le Seigneur[2] ».

Saint-Olon lui-même reconnaît que l'implacable chérif fut « l'équitable persécuteur des voleurs et des assassins[3] ». Le moindre souci des souverains musulmans est de passer pour les pères de leurs peuples et Moulay Ismaïl dut dompter parfois la sauvagerie de ses sujets en se montrant plus sau-

1. Juges, ch. I, 6, 7.
2. I Rois, XV, 32, 33.
3. « Il s'est rendu l'équitable persécuteur des voleurs et des assassins.... Il s'y est attaché avec tant de soin et de succès qu'il a nettoyé les grands chemins et les campagnes qui en étaient tout remplis, ce qui doit être remarqué comme une des choses les plus mémorables et plus utiles qu'il ait faites pendant son règne : l'ordre qu'il y a mis présentement est si bon et si régulièrement observé, en faisant punir capitalement ou pécuniairement tous les voisins des lieux du délit, qu'on traverse aujourd'hui ses États avec confiance et sûreté. » SAINT-OLON, p. 108.

vage qu'eux[1]. Il expliquait d'ailleurs et croyait pleinement justifier sa conduite, quand il répondait à l'ambassadeur de Louis XIV, qui lui vantait le gouvernement pacifique de son maître : « Votre roi Louis commande à des hommes, tandis que moi je commande à des brutes[2] ».

La raison d'État, qui se confond trop souvent avec la méfiance personnelle du souverain dans les cours musulmanes où la polygamie multiplie les prétendants et les complots, inspira à Moulay Ismaïl ses supplices les plus terrifiques. Un caïd de Merrakech coupable d'avoir livré la ville à un fils révolté du sultan eut le corps scié tout vif en deux à commencer par le crâne; puis on abandonna son cadavre après avoir replacé les deux moitiés l'une sur l'autre. La longue durée de ce règne de cinquante-cinq ans ne pouvait manquer de provoquer des impatiences et des rébellions parmi les nombreux héritiers de la couronne, et plus augmentait le nombre de ses années, plus il devenait nécessaire à Moulay Ismaïl de frapper des coups terribles pour retenir par une salutaire frayeur ses propres enfants. On trouvera dans la relation du R. P. Busnot et dans celle des RR. PP. de la Mercy le récit détaillé de l'horrible supplice infligé par ce père implacable à son fils Moulay Mhammed coupable d'avoir conspiré à Taroudant.

1. « He tamed the natural savageness of his subjects by showing himself still more savage than they. » Pellow, p. 135.
2. Thomassy, *loc cit.*, p. 197.

Le peuple qui ne connaissait pas d'état intermédiaire entre les révolutions de palais et le cruel despotisme d'un sultan, ne songeait pas un instant à faire un reproche à Moulay Ismaïl de répressions qui lui paraissaient un moyen naturel de gouvernement. Il y a plus, ces supplices et ces peines capitales passaient aux yeux des fanatiques pour l'accomplissement des arrêts divins dont le chérif n'était que l'exécuteur ; la lance qu'il portait toujours avec lui était réputée la lance de Dieu[1]. « Lorsqu'on parle au Roi de ceux qu'il a tués de sa propre main ou qu'il a fait tuer, on évite de dire : ceux que Sa Majesté a fait mourir, mais on dit ceux que Dieu a fait mourir[2] ». On en était arrivé à ne plus plaindre les victimes, quand les contre-ordres donnés pour une exécution parvenaient trop tard, ce qui se produisait assez fréquemment. Être tué de la main même du chérif, l'élu et l'ami de Dieu était un gage de félicité pour l'autre vie[3]. On tenait pour sacrée au Maroc la

1. V. p. 13 note 1.

2. Busnot, p. 47.

3. Le fétichisme qu'inspirait Moulay Ismaïl à ses sujets n'est qu'un cas particulier de celui que tous les Marocains éprouvent pour les chérifs; c'est par une sorte de condescendance que plusieurs chérifs ont dû se faire les exécuteurs des hautes œuvres. Sidi Mohammed (1757-1790) et Moulay Sliman (1795-1829) furent les seuls princes de la dynastie filalienne qui ne remplirent pas l'office de bourreau, « quoique les Maures criminels eussent certainement préféré mourir de leurs mains, attachant à cette mort une vertu sainte et réparatrice

frénésie sanguinaire de ce sultan fidèle et pieux observateur de sa religion; quelques exaltés avaient remarqué que le vendredi, quand il revenait de la mosquée où il allait officier à la tête des fidèles, ses crises de fureur atteignaient leur paroxysme et il y en avait qui, loin de fuir sa présence dans de pareils moments, s'offraient eux-mêmes à ses coups, pensant mériter le ciel par cette soumission aux arrêts divins. Le fétichisme dont il était l'objet a pu développer chez Moulay Ismaïl une sorte d'autosuggestion; il s'est cru le fléau de Dieu, mais il faut reconnaître qu'après avoir tué comme instrument des vengeances divines, il en est arrivé à tuer par plaisir et avec volupté. « Il n'eut pas même honte, écrit Saint-Olon, de paraître devant moi, dans la dernière audience qu'il me donna, tout à cheval, à la porte de ses écuries, ayant encore ses habits et son bras droit tout teints du sang de deux de ses principaux noirs dont il venait de faire l'exécution à coups de couteaux[1]. »

pour l'autre vie ». Thomassy, p. 425. « Le respect qu'on porte au chérif Sidi Mohammed, écrit Saugnier, est si grand qu'on s'estime heureux de mourir de sa main; c'est la plus grande faveur à laquelle un Maure pénétré de la sainteté de sa religion puisse prétendre. Il est sûr d'aller dans le sein de Mahomet pour y jouir d'une félicité éternelle. » *Relation des voyages de Saugnier à la côte d'Afrique, à Maroc...* publiée par Laborde. Paris, 1799, 8°, pp. 133-134.

1. *Loc. cit.*, pp. 61, 62.

A côté de faits qui paraissent authentiques, la légende en accréditait quantité d'autres moins prouvés, et il circulait en Europe bien des récits imaginaires sur les tortures et « les géhennes » qu'enduraient les esclaves chrétiens[1], quoique ceux-ci, au dire des contemporains, n'aient pas été plus maltraités que les sujets de ce chérif tortionnaire[2]. Comme la question de la cruauté de Moulay Ismaïl ne s'est même pas posée devant les chroniqueurs arabes, les relations des Européens et particulièrement celles des missionnaires sont les seules sources que nous puissions consulter pour les faits et pour les appréciations. Ces relations sont très sujettes à caution, ayant été rédigées sans esprit critique, pour l'édification du lecteur et pour solliciter sa charité envers les œuvres de rédemption. Parmi les auteurs de nos jours, les uns comme M. Plantet et le R. P. Castellanos ont accepté toutes les anecdotes du P. Busnot et du P. Francisco de S. Juan del Puerto et nous ont représenté Moulay Ismaïl comme le

1. C'est de ces récits terrifiques que s'est inspiré l'artiste qui a illustré en 1684 l'édition hollandaise de l'ouvrage du P. Dan, *La Barbarie et ses corsaires*. L'assortiment de supplices représenté par la gravure avec un réalisme effroyable est digne de figurer dans une *folterkammer*.

2. « Vers l'an 1688, il commença à devenir cruel envers les chrétiens, mais moins qu'il ne l'était envers les Maures et ceux de sa famille », GODARD, p. 529.

monstre le plus sanguinaire[1]; d'autres, comme M. de la Martinière, ont repoussé comme imaginaires tous les récits d'atrocités. M. Budgett Meakin semble plus près de la vérité quand il écrit : « La férocité de Moulay Ismaïl est un produit de l'époque où il vivait et s'il a surpassé les autres en cruauté, c'est qu'il les a surpassés en puissance[2] ».

Par suite de leur méconnaissance des temps et du milieu, la plupart des auteurs chrétiens ont omis de faire cette réserve en appréciant les actes sanguinaires de Moulay Ismaïl. Une pareille ignorance leur a fait juger avec une injuste sévérité les mœurs de ce souverain. Sans la polygamie, cet homme, d'une virilité surabondante, eût été un débauché ; avec les facilités de l'Islam pour la chair, il remplit son harem de deux mille femmes dont il eut sept cents fils et un nombre de filles qui n'a jamais pu être évalué avec quelque précision[3]. Mais, loin d'être absorbé par les plaisirs, il

1. Cependant le P. Castellanos a bien compris l'objet de la politique barbare de Moulay Ismaïl, « Politica barbara y cruel, écrit-il, pero que le aseguro la corona por muchos años ». *Loc. cit.*, p. 440.

2. « His ferocity was but the outcome of the times in which he lived, and he was only stronger, not worse, than those around him. » *Loc. cit.*, p. 140.

3. « Il a eu une quantité prodigieuse de femmes et sa postérité a été si nombreuse qu'on doute qu'il sût lui-même ce qu'il avait d'enfants. S'il faut en croire l'opinion générale, les mâles passaient huit cents. » CHENIER, *loc. cit.*, t. III, p. 240. « Je

porta seul, sans ministres et sans conseillers, le poids du gouvernement le plus personnel qui se puisse concevoir[1]. Nous le verrons parcourir ses États et passer vingt-quatre années en expéditions, « levant des impôts en enlevant des têtes », recevoir les ambassadeurs des princes chrétiens, diriger et surveiller comme un contre-maître les constructions de ses vastes palais, organiser sa fameuse milice noire, discuter en théologien consommé avec les Pères de la Mercy, prêcher

n'ose rapporter ce que j'ai appris à ce sujet, crainte de passer pour trop crédule, ou pour vouloir en imposer au lecteur ; je pourrais par exemple dire qu'il est né au roi de Maroc soixante enfants dans un mois ; je pourrais encore dire qu'en 1704, ce prince avait 300 fils en état de régner, sans y comprendre ceux qui étaient en bas âge et les filles. » P. Nolasque, *loc. cit.*, pp. 91, 92. « En 40 jours que j'ai demeuré à Mekinez, écrit Estelle, le roi de Maroc a eu trente-cinq enfants. » *Aff. Étr. Maroc. Mém. et Doc.*, III, f° 187.

1. « Il est presque incroyable que ce prince gouverne ses vastes royaumes selon sa fantaisie, sans aucun conseil que celui qu'il prend de lui-même, ce qui est pourtant très certain. » *Aff. Étr. Maroc. Mém. et Doc. Mémoire d'Estelle*, juillet 1699, III, f° 187. « On croyoit tout perdu, quand par des ressorts secrets, sans armes, sans Conseil, sans efforts, on a vû ces orages dissipez, les Mutins abattus, les chefs livrez en ses mains... et tout le monde se ranger comme de soi-même sous un joug qu'ils trouvent tous insupportable et qu'ils étoient en pouvoir de secoüer entièrement, si toutes leurs mesures n'avoient été plus courtes que sa prudence. » Busnot, p. 47. Au milieu des menaces de révolution générale, lui seul paraissait comme un homme sans affaires, donnant audience aux étrangers, surveillant ses constructions, comme s'il avoit été quelque particulier

dans les mosquées[1] et adresser à Jacques II cette réfutation du christianisme qui fait l'objet de la présente étude.

Une vie pareillement remplie, une activité si incessante laissaient, en vérité, peu de place aux amours et, si Moulay Ismâïl fut adonné aux femmes, force est de reconnaître qu'il fut tout le contraire d'un souverain efféminé. Quand le harem répond à un besoin physique, il ne déprime pas l'énergie d'un prince et l'absorbe beaucoup moins qu'une Pompadour ou une du Barry. Le sentiment est presque toujours exclu de ses amours faciles qui occupent beaucoup plus les pourvoyeurs en titre que le souverain lui-même. Jamais dans l'Islam, l'histoire d'un règne n'a été l'histoire d'une femme. On peut affirmer que, parmi les épouses et les concubines qui se succédèrent en si grand nombre dans le palais de Mekinès, il n'en est aucune ayant inspiré à Moulay Ismâïl une violente passion et ayant eu la moindre influence sur les affaires de l'État[2].

qui n'eût eu autre chose à faire que d'entrer dans le détail de son tranquile Domestique. » *Ibid.*, p. 46.

1. « Il prêche dans sa Mosquée d'une manière à effacer tous les Talbes. » Busnot, p. 48.

2. Nous ne referons pas, après Thomassy qui a traité le sujet et après M. Plantet qu'il l'a épuisé, le récit de la demande de la main de la princesse de Conti adressée à Louis XIV par Moulay Ismâïl. Cette union, dans l'esprit du souverain marocain et malgré les odes des poètes, n'avait qu'un objet politique. Parmi les ouvrages dont cette curieuse aventure a été

Là où les relations des Européens semblent plus dignes de foi c'est quand elles nous racontent l'insatiable cupidité du tyran marocain. Ce défaut paraît être celui de la race tout entière des cherifs filaliens et il s'est fixé dans leur descendance comme un héritage atavique. La politique de Moulay Ismaïl avec les puissances européennes, ses négociations en vue des alliances, ses démonstrations diverses n'avaient d'autre objet que de s'attirer des présents [1]. Cette question de cadeaux (donatives) est la grosse préoccupation des ambassades. Une des causes qui font échouer celle de Saint-Olon, c'est qu'il n'a pas apporté comme présents les objets que le souverain avait indiqués au fils de notre consul Estelle [2]. Un manque complet de bonne foi rendait d'ailleurs vaines toutes les négociations avec lui, alors même que sa cupidité était satisfaite. « Son avidité à ramasser des trésors est telle qu'on ne peut traiter une affaire avec lui ; elle le rend sans parole et sans honneur, mettant tout en

l'objet, il en est un de pure fiction intitulé : *Relation historique de l'Amour de l'Empereur du Maroc, Pour Madame la Princesse Doüariere de Conty. Ecrite en forme de Lettres à une Personne de Qualité par M^r le Comte D****. Cologne, 1700. Il y est traité, sur le ton et à la manière des *Lettres Persanes*, des sujets les plus variés. L'auteur y produit pour la défense de la polygamie un argument plein de saveur, placé dans la bouche de Moulay Ismaïl, ce père d'innombrables enfants. La thèse est celle-ci : On n'ensemence pas une seconde fois un champ, alors que la première semence a levé.

1. Saint-Olon, Épitre dédicatoire à Louis XIV.

2. *Ibid.*, p. 197.

usage pour attraper des présents des princes chrétiens, sous des propositions de paix qu'ils lui envoient faire, mais dès qu'il a eu tout ce qu'il pouvait espérer, il ne fait point de difficulté de nier ce qu'il a envoyé proposer à ces princes et même ses lettres[1] ». Sa fiscalité était extrême et, s'il ne levait pas sur ses sujets des impôts contraires à la loi religieuse, il savait se dédommager en dépouillant tous les caïds qui s'étaient enrichis dans leur administration, voire même les gens de qualité assez imprudents pour faire montre de leur fortune[2]. Sa maison ne lui coûtait rien, les Juifs en ayant la charge ; son armée, en dehors de sa garde nègre, s'entretenait elle-même, les nombreux prisonniers indigènes se nourrissaient à leurs frais et on ne donnait aux esclaves chrétiens qu'une faible mesure de farine pour ration journalière. Il n'y avait pas jusqu'au bourreau qui ne fût payé par la victime elle-même.

Ce prince dont la simplicité égalait la frugalité, toujours vêtu de laine[3] et se nourrissant d'un plat

1. *Mémoire d'Estelle*, *Aff. Étr. Maroc. Mém. et Doc.*, III, f° 187.

2. « Il a cette politique, quand il se veut emparer de leurs trésors et les faire mourir, pour ne point donner tant sujet à son peuple de murmurer, d'envoyer quelqu'un de ses fils à l'endroit où ils sont, sous prétexte de gouverner cette ville ou village ; cet enfant a ses instructions ; il cherche noise à ces malheureux qui n'ont d'autre crime que d'avoir de l'argent. » Estelle (Mémoire d'). *Aff. Étr. Maroc. Mém. et Doc.*, III, f° 153.

3. C'est par ignorance du costume arabe que quelques

de kouskous, avait un seul luxe, celui des constructions ou, pour être plus vrai, celui d'occuper en permanence des milliers d'ouvriers à des travaux quelconques. Il commença par démolir de fond en comble le merveilleux palais d'El-Bedi bâti à Merrakech, en 1593, par le chérif saadien Abou el-Abbas Ahmed el-Mansour. Les matériaux en furent bouleversés et dispersés; il n'y eut pas une ville de Maroc qui n'en reçût quelques débris; on en retrouva, prétend El-Oufrani, jusques dans l'Iraq[1]. Il entreprit plus tard ce grand ensemble de bâtisses mal rattachées les unes aux autres qui forment la kasba de Mekinès et qui renfermait une écurie longue de quatre kilomètres. Ses sujets devaient lui fournir la main d'œuvre comme les matériaux, et il n'y eut pas moins de 30.000 indigènes et de 2.500 captifs chrétiens employés à ces travaux. La distraction favorite de ce despote était d'aller au milieu de ses chantiers; il prenait des alignements, faisait renverser ce qui n'était pas à sa guise, travaillait « avec ses chrétiens et les autres ouvriers comme le moindre de l'un d'eux ». Quand il était impatient de voir terminer quel-

auteurs ont signalé comme une particularité, le haïk que Moulay Ismâïl relevait souvent sur sa bouche, et ses vêtements qui lui laissaient les jambes et les bras nus.

1. pp 179-195. — Cf. sur le palais d'El-Bedi [CHARANT. A.], *Lettre écritte en réponse à diverses questions curieuses sur les parties de l'Affrique où règne aujourd'hui Muley Arxid, Roy de Tafilete par M****. Paris, 1670, in-12.

que ouvrage, il y passait la journée entière, et se faisait alors apporter par un nègre un bassin de kouskous pour tout repas[1]; c'est là qu'il recevait les ambassadeurs, assis à terre ou sur un tas de pierre. Il apportait d'ailleurs dans la surveillance de ses équipes d'ouvriers sa sauvage rudesse. Un jour qu'il faisait la chaîne comme un manœuvre, passant à ses maçons du mortier et des briques, « il en rencontra quelques-unes qui estoient fort minces; il envoya chercher le Maistre qui les avait faites et lui en rompit une cinquantaine sur la tête. » Quant « au Maistre qui fournissait la chaux, à cause qu'il ne la faisait pas cuire assez, il lui donna deux cents coups de bâton de sa main et l'envoya traîner par les rues de la ville[2] ». C'était avec une frayeur mêlée de curiosité que les ouvriers indigènes et les esclaves chrétiens le voyaient « mettre la main à la pâte », car ils s'attendaient toujours à quelque exécution de la part de ce féroce surveillant qui « assommait un homme pour apprendre aux autres à mieux travailler[3] ».

C'est par ces terribles moyens qu'il arriva à imposer un travail d'esclaves à des populations en-

1. Ockley, *Relation des états de Fez et de Maroc, par un Anglois qui y a été longtems esclave*. Paris, 1726, pp. 142, 143. Cet ouvrage est une traduction française de celui indiqué p. 9, parmi les sources anglaises.

2. Moüette, *Hist. des Conq.*, pp. 280, 281.

3. Bugdett Meakin, p. 160.

tières [1]. Il comparait ses innombrables ouvriers à des rats que l'on aurait enfermés dans un sac et prétendait qu'il fallait de temps en temps secouer le sac violemment pour empêcher les rats de le ronger [2]. Il avait utilisé pour ses constructions de Mekinès les ruines romaines de Ksar Firaoun [3] dont les matériaux lui étaient apportés à bras par des corvées indigènes. Quand la nouvelle de sa mort se répandit, quand on sut que ce long règne de travaux forcés avait pris fin, chacun laissa choir sur place la pierre qu'il transportait et s'enfuit dans sa tente. La plaine qui s'étend de Ksar Firaoun à Mekinès est encore jonchée de ces débris.

Ce prince, politique avisé, sanguinaire jusqu'à la folie et cupide jusqu'à la rapacité, ce dompteur de peuples, ce bâtisseur de palais, observa toujours avec une grande sévérité les pratiques de sa religion. Saint-Olon le reconnaît et il ne lui est pas venu à l'idée de suspecter la sincérité de sa piété. Le P. Busnot lui-même, quoique peu porté à le juger avec indulgence, ne peut s'empêcher d'avouer « qu'il avoit un grand attachement à sa Loi et en pratiquait publiquement toutes les cérémonies, ablutions, prières, jeûnes et fêtes avec une scrupuleuse exactitude » mais une religion qui lui donnait de telles facilités méritait bien, ajoute-t-il, qu'on

1. « Il a réduit un tiers de son peuple au rang de ses esclaves ». Ockley. Traduction, p. 77.
2. Windus, p. 116.
3. L'ancienne Volubilis.

eût pour elle de tels égards[1]. Les historiens qui ont accusé Moulay Ismaïl d'hypocrisie religieuse ont complètement méconnu la mentalité musulmane. Il y a plus, les controverses théologiques avaient pour son esprit un grand attrait et il faisait parfois venir à sa cour, pour discuter des points de dogme, les religieux mercédaires et trinitaires qui se trouvaient au Maroc en mission de rédemption. Ceux-ci un peu rouillés en théologie et uniquement occupés de leur ministère de charité et de dévoûment, esquivaient le plus possible ces entretiens, tremblant de les voir se terminer par des propositions d'apostasie ou des menaces de supplice, mais Moulay Ismaïl n'était animé, dans ces discussions, que d'un esprit d'apostolat et de prosélytisme; s'il voulait amener ses interlocuteurs chrétiens à reconnaître et à proclamer la vérité de l'islam, c'était par le raisonnement et non par la violence. S'adressant aux Pères de la Mercy à la fin d'un long exposé qu'il venait de faire de la foi musulmane, il leur déclare : « J'en ai dit assez pour l'homme qui fait usage de sa raison; si vous êtes des opiniâtres, tant pis pour vous. Nous sommes tous enfants d'Adam et par conséquent frères; il n'y a que la religion qui met de la différence entre nous. C'est donc, en qualité de frère et en obéissant aux commandements de ma loi que je vous avertis charitablement que la vraie religion est celle de Mahomet,

1. *Loc. cit.*, p. 49.

que c'est la seule où l'on puisse faire son salut. Je vous donne cet avis pour la décharge de ma conscience et pour être en droit de vous accuser au grand jour du jugement[1] ».

Une autre fois en 1680, comme il revenait de la mosquée, un certain vendredi, il fit mander à sa cour le Père Jean de Jésus-Maria, trinitaire espagnol. « Après que le Père se fut présenté devant le Roy et luy eut fait la révérence, le Roy prit la parole et luy dit qu'il vouloit disputer de la lo[illegible] avec luy, et le vouloit convaincre par les raiso[illegible] qu'il luy allegueroit; et que si, après l'avoir fa[illegible] le Père se vouloit faire Maure, qu'il lui donner[illegible] les plus beaux emplois de sa Cour. Mouley Smé[illegible] luy fit plusieurs questions importantes et des pl[illegible] relevées, sur lesquelles le Père s'excusa de répo[illegible]dre, à cause qu'il ne savoit pas la langue Ar[illegible]besque. Hé bien, luy dit le Roy, lors que tu [illegible] voudras faire, j'amènerai des gens qui nous fero[illegible]t entendre; tu apporteras tes livres et moi j'appor[illegible]rai les miens; je te donnerai toute liberté de par[illegible]r et, si tu triomphes, je t'en estimerai beaucoup. [illegible]e Roy se retira ensuite et laissa nostre Père to[illegible]t contristé, d'autant que n'estant pas bon Théo[illegible]gien, il n'estoit pas bien aise de se trouver da[illegible] ces sortes de conversations[2] ».

Mais s'il était besoin d'une preuve pour atteste[illegible]

1. *Anecdotes Africaines*, p. 30.

2. Moüette, *Hist. des Conq.*, pp. 286, 287.

la sincérité religieuse de Moulay Ismâïl, en trouverait-on une meilleure que cette longue lettre qu'il adressa à Jacques II pour l'engager à se convertir à l'islamisme? Si l'on peut discuter la force des arguments, il est impossible de contester les sentiments religieux de celui qui l'a écrite.

Il y aurait encore bien des détails à ajouter pour reconstituer le caractère complexe de Moulay Ismâïl; il faudrait parler de sa constance dans l'adversité, de ses idées politiques, de l'esprit de méthode qu'il apporta dans l'organisation de sa garde noire, de la façon arbitraire dont il transplanta les populations du Maroc, de sa conception des gouvernements chrétiens et de bien d'autres choses encore.

L'histoire du Maroc nous amènera à faire un jour cette étude plus complète, il suffit aujourd'hui d'en avoir esquissé les principaux traits et d'avoir préservé le lecteur d'une appréciation d'ensemble sur un des hommes les plus difficiles à juger.

Pl. III.

Jacques 2d. Roy d'Angletérre.

JACQUES II

Parmi les rois en exil, il en est peu ayant fait aussi médiocre figure que Jacques II, réfugié en France après sa fuite d'Angleterre et vivant à Saint-Germain-en-Laye d'une mensualité de 50.000 francs que lui octroyait Louis XIV pour la tenue de sa cour, et d'une pension annuelle de 70.000 francs, « qu'il avait eu la faiblesse d'accepter en secret de sa fille Marie par laquelle il avait été détroné[1] ». Au rebours de Henri IV, qui estimait que Paris valait bien une messe Jacques II, avait jugé qu'à ce prix il devait sacrifier sa couronne. Une religiosité scrupuleuse et étroite, une déplorable légèreté de mœurs, un manque absolu d'élévation dans le caractère

1. Sources. — Macaulay, *History of England*. -- Samuel Pepys, *Diary*. — Voltaire, *Siècle de Louis XIV*. — Saint-Simon, *Mémoires*. — Dangeau, *Journal de la cour de Louis XIV*. — M^ise de Sévigné, *Lettres*. — Mme de Maintenon, *Mémoires*. — Mme de la Fayette, *Mémoires de la Cour de France*. — Hamilton, *Mémoires de Grammont*, édition Lescure. — M^ise de Campana de Cavelli, *Les derniers Stuarts à Saint-Germain-en-Laye, Documents inédits et authentiques puisés aux archives publiques et privées*. Paris, 1871, 2 vol. in-4.

sont les traits dominants du dernier roi Stuart, et il est représenté au naturel par le « mot historique » attribué à Charles II : « Mon frère perdra trois royaumes pour une messe, et le paradis pour une fille ».

Connu sous le nom de duc d'York, avant son avènement, il avait, pendant un premier exil, vécu en France et avait même servi sous les ordres de Turenne. C'est pendant ce séjour (1648-1660) que s'exercèrent les influences religieuses qui devaient faire évoluer sa destinée. Si elles arrivèrent à troubler sa conscience, elles furent impuissantes à élever son caractère, et à assagir ses mœurs et c'est à tort que l'on a cherché à réhabiliter cette première partie de sa vie en lui appliquant ce qui avait été dit en France du dernier des Valois : « Il parut digne du trône tant qu'il n'y fut point assis ».

Vers la fin de l'année 1659, le duc d'York se trouvant à la cour de sa sœur, la princesse d'Orange poursuivit de ses assiduités une de ses demoiselles d'honneur, Anne Hyde[1]; mais il eut affaire à forte partie; la jeune fille résista à toutes les obsessions du prince volage et déclara qu'elle ne disposerait de son cœur qu'en donnant sa main. Il en résulta un mariage clandestin, union valide devant le ciel, assure Hamilton, car « le point essentiel du sacrement y avait été[2] ». Quelques mois après, survenait

1. Elle était la fille d'Edward Hyde, comte de Clarendon.
2. Hamilton, *loc. cit.*, p. 153.

la restauration des Stuarts, Jacques se trouvait héritier présomptif de la couronne d'Angleterre, puisque son frère Charles II, père de seize bâtards, n'avait pas d'enfant légitime. La fille de Hyde, « ce petit avocat que la faveur du roi venait de faire pair du royaume sans noblesse et chancelier sans capacité[1] » ne lui sembla pas de condition à s'asseoir avec lui sur un trône. Mais le fier caractère d'Anne ne devait se prêter à aucune compromission. « Je suis enceinte, dit-elle au duc d'York qui la menaçait d'une séparation; qu'il soit connu de tout le monde que je suis votre épouse légitime et traitez-moi ensuite comme il vous plaira. » Elle eut pour elle le roi Charles II et l'opinion publique; son mariage fut célébré officiellement. Quant au duc d'York, satisfait d'avoir mis sa conscience en repos, il continua sa vie d'amours faciles, s'éprenant de toutes les femmes qui se trouvaient sous sa main, « même de celles qui s'étaient trouvées sous la main de bien d'autres[2]. »

Anne mourut en 1671, laissant deux filles qui devaient se succéder sur le trône d'Angleterre[3], et le duc d'York, que cette union rattachait encore faiblement au protestantisme, se convertit publique-

1. Hamilton, *loc. cit*, p. 154.

2. *Ibid.*, p. 159.

3. La reine Marie, épouse de Guillaume d'Orange qui régna de 1688 à 1695 et la reine Anne, épouse du prince George de Danemark; elle monta sur le trône d'Angleterre après la mort de son beau-frère et régna de 1702 à 1714.

ment au catholicisme. L'événement provoqua en Angleterre un grand mécontentement et Jacques le porta à son comble, en se remariant en 1673 avec une princesse catholique, Marie Béatrice de Modènes[1] et en conspirant ouvertement pour restaurer en Angleterre la religion catholique et la monarchie absolue.

Exclu de sa charge de grand-amiral du royaume par application du bill du Test et momentanément éloigné d'Angleterre, il revint à la cour plus puissant que par le passé et le sceptique Charles II, tout en plaisantant son frère sur son excessive dévotion et l'appelant « son successeur papiste », se laissa peu à peu dominer par lui. Quand, dans le palais de Withehall, le 2 février 1685, au lendemain d'une orgie de jeu et de femmes, le roi se trouva subitement à toute extrémité, le duc d'York appela secrètement au chevet de son frère qu'avait déjà assisté l'archevêque de Canterbury, un moine catholique pour baptiser, confesser et administrer le moribond; mais la conversion du roi n'ayant pas été publique, ses funérailles furent protestantes[2].

1. La princesse, petite-fille de la Martinozzi, sœur de Mazarin, était cousine germaine du prince de Conti. Louis XIV fut l'instigateur de ce mariage dont les négociations furent difficiles. La princesse, qui avait la vocation religieuse, opposa la plus vive résistance.

2. On trouve dans les documents inédits publiés par la marquise Campana le récit détaillé des derniers moments de

Grâce à un revirement d'opinion en faveur des Stuarts, l'impopulaire Jacques II put succéder à son frère sans rencontrer d'opposition. Mais il devait continuer sur le trône sa politique papiste et absolutiste. Le comte de Castelmaine fut envoyé officiellement à Rome pour exprimer au souverain pontife les vœux ardents du nouveau souverain pour la réconciliation de ses trois royaumes avec l'Eglise romaine. Innocent XI accueillit froidement l'ambassadeur de Jacques II ; le zèle exagéré du monarque anglais, ses procédés violents étaient mal vus au Vatican où l'on parlait « de l'excomunier comme le pire ennemi de la religion catholique ».

Jacques II n'avait pas d'enfants vivants de sa seconde femme; il avait perdu coup sur coup deux filles en 1675 et en 1676, et un fils, le duc de Cambridge, mort le 22 décembre 1677, peu de jours après sa naissance[1]. La conviction était que le roi n'aurait pas d'héritier[2]. L'Angleterre s'en ré-

Charles II extrait d'un manuscrit des religieuses de la Visitation de Chaillot conservé aux Archives nationales, K. 1303, VI. CAMPANA, t. II, p. 8 et ss. V. aussi la lettre de Barillon à Louis XIV du 16 février 1685. *Ibid*, p. 12.

1. Cette naissance avait été une déception publique. Mr de Barillon, l'ambassadeur de France en Angleterre, écrit à Louis XIV à la date du 21 novembre 1677 : « Le peuple de Londres n'a eu aucune joie de la naissance du fils de M. le duc d'York ». CAMPANA, t. I, p. 203. Doc. CLXV.

2. « M. le Duc de Cambridge mourut hier; à peine scavoit-on qu'il estoit malade depuis deux jours. Beaucoup de gens

jouissait, en pensant que ce Stuart catholique serait le dernier de sa race, et elle plaçait toute sa confiance dans le prince et la princesse d'Orange dont le violent attachement au protestantisme était connu. La naissance inattendue d'un prince de Galles[1] le 19 juin 1688, survenant dix années après celle du duc de Cambridge, fut une consternation. La grossesse de la reine avait paru une simulation ; le bruit se répandit que l'enfant était supposé[2] et il circula à ce sujet en Hollande de si

croient que Mr le duc d'York n'aura point d'enfants qui vivent.... » *Lettre de Barillon à Louis XIV du* 23 *décembre* 1677. Campana, t. I, p. 205. Doc. CLXVIII.

1. James Francis Edward, appelé en France : *le Chevalier de Saint-George.*

2. « La reine accoucha ou fit semblant d'accoucher le 19 de juin et l'on publia d'abord qu'il était né un prince de Galles. Ceux qui soupçonnaient du mystère dans la grossesse et dans l'accouchement de la Reine, furent plus persuadez que jamais que cette grossesse étoit supposée de même que l'accouchement. Premièrement, on trouva moyen d'éloigner la Princesse de Dannemarc, qui avoit un intérêt particulier dans toute cette affaire. Secondement, on n'y appela point les Princes et les Grands Seigneurs du Royaume qui devoient cependant y assister selon la coutume. Troisièmement, l'archevêque de Cantorberi devoit y être présent, mais on l'avoit mis à la Tour. Quatrièmement, il est remarquable que le Roy n'y étoit pas lui-même. Il étoit parti ce matin de Londres pour se rendre à une Maison de plaisance qui est à quelque distance de la Ville. Étant là, on vint l'avertir de l'accouchement de la Reine qui n'avoit point paru être encore en état d'accoucher. Cela fut cause que l'on se moque assez publiquement de cet accouchement comme d'une Comédie. Ce qui obligea le Roi

nombreux pamphlets que les oreilles de Louis XIV en furent offensées[1].

Guillaume d'Orange et la princesse Marie écartés du trône par ce tardif héritier furent l'objet de pressantes sollicitations; tous ceux qui voulaient conserver à l'Angleterre sa foi et ses libertés l'acclamaient. Guillaume passa la mer et débarqua à Torbay encouragé dans ses projets par sa femme qui, à entendre Mme de Sévigné, « aurait brave-

quelque temps après de faire signer un certificat à toutes les personnes qui avoient été présentes, lesquelles disoient que l'on avoit tiré un enfant du lit de la Reine, mais pas une n'affirmoit positivement qu'elle l'eût vu naître. Et l'on ajoute qu'en effet elles étoient dans la Chambre de la Reine, mais pas une n'étoit proche de son lit. Ainsi l'on continua à dire assez publiquement que ce part étoit supposé. Sur quoi l'on peut assurer, qu'en effet cette naissance est fort douteuse et que la cour d'Angleterre fit précisément tout ce qu'il falloit pour laisser cette affaire dans un grand état d'incertitude. » Jennet, *Histoire de la République des Provinces-Unies*, t. IV, 396.

1. Louis XIV encourageait secrètement le roi d'Angleterre dans son dessein de rétablir le catholicisme et la monarchie absolue de ses États; il se montra très irrité de l'attitude froide et réservée du Vatican vis-à-vis de Jacques II. « C'est cette conduite du Pape, écrit-il au cardinal d'Estrées le 6 septembre 1688, qui donne au Prince d'Orange la hardiesse de faire tout ce qui peut marquer un dessein formé d'aller attaquer le Roy d'Angleterre dans son propre royaume,..... *qui donne à ses Émissaires et aux Écrivains de Hollande l'insolence de traiter de supposition la naissance du Prince de Galles,* d'exciter les sujets du Roy de la Grande-Bretagne à la révolte. » *Arch. Nat.*, AD., xv, 3. Impr.

ment passé sur le corps de son père » pour arriver au trône. « Elle a, ajoute la marquise, donné procuration à son mari pour prendre possession du royaume d'Angleterre dont elle dit qu'elle est héritière, et, si son mari est tué — car son imagination n'est point délicate — elle la donne à M. de Schomberg pour en prendre possession pour elle. » Le prince d'Orange « maître des cœurs, des troupes et des flottes » n'eut pas à combattre. Jacques II se sachant entouré de l'aversion générale de ses sujets, hanté par la tragique destinée de son père, ayant appris de lui « qu'il y a très peu de distance de la prison d'un prince à son tombeau[1] » n'opposa aucune résistance au mouvement révolutionnaire. Mais l'Angleterre le méprisait trop pour lui infliger le sort de Charles Ier et il put s'enfuir de Londres à Rochester, protégé par les troupes de son gendre. Uniquement préoccupé de sa sécurité personnelle, il s'embarqua pour la France, après avoir écrit à ses partisans « qu'il n'était pas à propos qu'il s'exposât à un emprisonnement[2] ». La reine et le prince de Galles l'avaient précédé sous la conduite du duc de Lauzun. Cette désertion peu honorable d'un souverain abandonnant tout d'un coup ses trois

1. V. lettre de Jacques II du 4 janvier 1689. On lit en tête de la lettre : *Aux Seigneurs et autres de Notre Privé Conseil. Arch. Nat.* AD, xv, 3. Impr.

2. *Raisons qui ont obligé le roi d'Angleterre à se retirer de Rochester, écrites de la propre main de Jacques II.* Cette pièce porte la date du 22 décembre 1688. — *Ibid.*

royaumes produisit en France la plus fâcheuse impression et Louvois traduisait le sentiment public, quand il écrivait au Maréchal de Luxembourg : « Ceux qui aiment le roi d'Angleterre doivent être bien aises de le voir en sûreté, mais ceux qui aiment sa gloire ont bien à déplorer le personnage qu'il a fait ». L'exil devait, par la suite, révéler davantage le manque d'élévation du caractère de ce prince uniquement absorbé par les plaisirs et les pratiques d'une dévotion étroite et mesquine.

Louis XIV avait fastueusement accueilli son cousin fugitif; on avait meublé à son intention le château de Saint-Germain, et, par une attention délicate, Tourolle, le tapissier du roi, avait été chargé de remettre à la reine d'Angleterre la clef d'un petit coffre renfermant 6.000 pistoles. On décida que Jacques II toucherait, en supplément d'une pension de 50.000 francs par mois, une somme de 50.000 écus « pour se remettre en équipages ». Louis XIV fit plus encore : non content d'entourer de dignités et d'honneurs le royal exilé et de le faire asseoir partout à sa droite, il lui promit de l'aider à vaincre ses ennemis et à reconquérir son trône; on appliqua aux deux rois les paroles du psaume de David : *Dixit Dominus Domino meo : Sede a dextris meis, donec ponam inimicos tuos scabellum pedum tuorum.* Mais cette sollicitude, qui ne se démentit pas, était toute politique. Jacques II était, comme le grand roi, une incarnation de la monarchie de droit divin; il avait été renversé par une nation combattant pour ses libertés et ses croyances, et c'est cette nation révoltée que Louis aurait voulu réduire, au point d'en faire l'escabeau du roi détrôné; Guillaume, le stathouder de Hollande, était l'ennemi qui jusqu'ici avait bravé avec le plus de ténacité son orgueil; l'idée de voir cet austère calviniste assis sur le trône d'Angleterre à la place de ces Stuarts, serviteurs pensionnés de la Cour de France[1], était intolérable à Louis XIV; enfin le honteux échec de son cousin Jacques II était celui de la cause catholique et comme une contre-partie de la révocation de l'édit de Nantes.

Ce furent ces motifs beaucoup plus qu'une sympathie personnelle, qui dictèrent la conduite de Louis XIV, car rien ne le rapprochait de ce monarque étriqué, à tournure de sacristain, de « cet esprit commun qui contait tout ce qui lui était arrivé en Angleterre avec une insensibilité qui en donnait pour lui ». Il parlait avec un bégaiement ridicule; « sa figure n'avait pas imposé aux courtisans, ses discours firent encore moins d'effet que sa figure ». On comprit bien vite à la Cour que ce roi d'Angleterre ne remonterait jamais sur le trône et l'on s'efforça « de régler les rangs et de faire vie qui dure avec des gens si loin d'être rétablis ». Et de fait, il n'y avait pas grand espoir à fonder sur les expéditions que conduirait un tel prince. Lors-

1. Jacques II avait accepté de Louis XIV une pension de 500.000 francs pour son usage personnel, alors qu'il était roi d'Angleterre.

qu'en 1689 il part pour Brest où il devait s'embarquer à destination de l'Irlande, Monsieur de Chaulnes lui fait préparer des soupers sur sa route « qu'il mangea, comme s'il n'y avait pas eu de prince d'Orange dans le monde ». A voir une pareille indifférence, « on comprenait bien pourquoi il était ici ».

Cependant l'Irlande était restée fidèle à Jacques II, et, à la nouvelle de son débarquement, elle se souleva; « les affaires d'Irlande, écrivait Mme de Sévigné, vont assez bien, il n'y a que le roi Jacques qui gâte tout et qui montre tous les jours par sa conduite qu'il mérite ses disgrâces ». Il s'obstina malencontreusement à faire le siège de Londonderry et, à la journée de la Boyne, il ne parut « ni à la tête des Français ni à la tête des Irlandais ». Malgré l'insuccès de cette expédition, Louis XIV, ne voulant pas reconnaître Guillaume pour roi d'Angleterre, se dut à lui-même de continuer jusqu'à la paix de Ryswick à appuyer par les armes les pusillanimes revendications de Jacques II. Ces diverses tentatives échouèrent; le pauvre souverain toujours battu se résigna assez facilement à l'usurpation de son gendre et vécut à la cour de Saint-Germain, prenant part à tous les plaisirs de Versailles, de Marly et de Fontainebleau.

Le roi et la reine d'Angleterre seront désormais les figurants nécessaires de ces fêtes fastueuses où ils auront le pas sur le Dauphin et sur Monsieur. Quand Louis XIV établit ses bâtards, ils arrivent en grande pompe de Saint-Germain pour assister à la cérémonie, car c'est à eux, comme aux plus dignes, qu'il appartient de donner la chemise aux mariés ; la reine la présente à Mlle de Blois et Jacques II au duc de Chartres, « après s'en être défendu, disant qu'il était trop malheureux ». Lorsque le duc du Maine épouse Mlle de Condé, le cérémonial est semblable et la même fonction est confiée aux souverains exilés. Les choses se passent avec plus d'étiquette au mariage du fils du Grand Dauphin le 7 décembre 1697 : la reine d'Angleterre donne la chemise à la duchesse de Bourgogne, après l'avoir reçue des mains de la duchesse de Lude. Quant à Monseigneur le duc de Bourgogne, il se déshabille dans l'antichambre au milieu de toute la cour « assis sur un ployant » ; le roi d'Angleterre lui donne la chemise qui lui est préalablement présentée par le duc de Beauvilliers et il ne se retire avec la reine que lorsque le jeune couple s'est mis au lit.

Entre temps, Jacques allait coucher à la Trappe, il touchait les écrouelles au petit couvent des Anglaises, sans qu'on pût expliquer d'où il tenait le privilège de guérir cette maladie, et, dans une cérémonie organisée à Notre-Dame, il conférait solennellement l'ordre de la Jarretière au duc de Lauzun, son ancien compagnon de jeu en Angleterre et le protecteur de la reine pendant sa fuite. A la mort de sa fille Marie, la princesse d'Orange, survenue en 1695, il montra, une fois de plus, la mesquinerie de son caractère. « Il pria le roi qu'on n'en prît point le deuil qui fut même défendu à

MM. de Bouillon, de Duras et à tous ceux qui étaient parents du prince d'Orange. On obéit et on se tut, mais on trouva cette sorte de vengeance petite[1] ».

Un seul trait de ressemblance existait entre Louis XIV et Jacques II : l'un et l'autre eurent une tendresse immodérée pour leurs enfants illégitimes. Et, en vérité, cette fin du XVIIe siècle fut bien, comme l'appelait Saint-Simon, « l'âge d'or des bâtards ». Louis XIV donnait aux siens à peine sortis du berceau les premières dignités de la couronne; il ne voulut pas en user autrement avec le fils de son cousin et d'Arabella Churchill ; à 18 ans, Berwick fut nommé lieutenant-général ; il était maréchal de France à 36 ans et avait été créé duc français sous ce nom anglais de Fitz-James que Saint-Simon qualifiait de « barbare et ridicule », mais qui, illustré par le héros d'Almanza et de Philisppsbourg, devait être acquis à nos gloires françaises et porté dans la suite par de glorieux descendants[2].

Jacques II tomba en faiblesse à Versailles le 3 septembre 1701 et fut transporté à Saint-Germain. « On ne croit pas qu'il en puisse revenir, note sur

1. SAINT-SIMON, *Mémoires*, t. I, p. 231. — Mme de Sévigné écrit également au sujet de la mort de la Princesse d'Orange : « Il est résolu par le roi son père qu'il ne recevra point de visites et qu'on n'en portera point le deuil ».

2. La postérité légitime de Jacques II s'éteignit au contraire dans la médiocrité. Le chevalier de Saint-George fut un prince sans caractère et sans talents; son fils « Le Prétendant » appelé aussi le comte d'Albany s'adonna à l'ivrognerie.

son journal l'impassible marquis de Dangeau, il n'est plus en état de songer au voyage de Fontainebleau et cela donnera beaucoup de logements aux courtisans ». Louis XIV vint le visiter à Saint-Germain et lui promit de reconnaître son fils pour roi d'Angleterre; Jacques le remercia avec effusion. « Il semble même, écrit Dangeau, qu'il parle avec plus d'esprit qu'avant sa maladie. » Il mourut le 16 septembre. « Quelques jésuites irlandais prétendirent qu'il se faisait des miracles à son tombeau et l'on parla de canoniser à Rome après sa mort ce roi que Rome avait abandonné pendant sa vie ».

Avant de passer au texte des lettres de Moulay Ismâïl, il nous paraît nécessaire d'expliquer en quelques mots l'origine des relations amicales de ce souverain avec Jacques II, relations qui persistèrent après la révolution de 1688 et la déchéance des Stuarts.

Au temps où Jacques II n'était encore que duc d'York et où il avait la dignité de grand amiral du royaume, un vaisseau anglais avait capturé sur mer l'amiral Abdallah ben Aâïcha, le fameux corsaire de Salé, celui que Moulay Ismâïl qualifiait dans sa correspondance « le plus grand de nos *raïs*, le capitaine général et surintendant de toute la marine dont nous l'avons rendu maître absolu après Dieu Très-haut ». Ben Aâïcha resta trois ans en captivité en Angleterre. Le duc d'York, s'étant intéressé à lui, demanda à son frère Charles II de le renvoyer en liberté sans rançon[1]. Plein de gratitude pour son bienfaiteur, l'amiral marocain s'employa à faire partager ses sentiments de reconnaissance à son maître Moulay Is-

1. Cet exposé sommaire est une reconstitution des faits d'après les seules données historiques que nous ayons pu découvrir. Nous avons vainement cherché dans les mémoires et les journaux anglais du temps ainsi que dans les archives anglaises la trace de la capture et de la libération de Ben Aâïcha. Un seul document en fait mention, mais d'une façon rétrospective, c'est une lettre analysée dans les *Reports of the Royal Commission on Historical Manuscripts Report II, Appendix 4 et 5, p. 319*. Cette lettre est adressée de Lisbonne, à la date du 4 octobre 1713, par lord Delaval au comte de Dartmouth et annonce la mort du fameux corsaire. « Death has removed 2 persons of late, which the writer hopes, will be of considerable advantage to her Majesty's affairs, Ben Aisha the admiral of Salley and the Alcaid of Alcasar. The former was a mortal enemy to the slaves, especially the English and was a most particular instance of Moorish ingratitude, being sent home by king Charles II without ransom and with very considerable presents. » Cette ingratitude de Ben Aâïcha est manifeste dans la lettre qu'il écrivit à Ponchartrain, V. ci-après, p. 52, note 1. Thomassy fait allusion à la capture et à la mise en liberté sans rançon de Ben Aâïcha, mais il ne mentionne pas les documents où il a trouvé ces faits relatés. C'est à tort qu'il donne au fameux corsaire devenu ambassadeur le nom de Ben Aïssa que plusieurs auteurs ont adopté après lui. Les lettres de ce personnage conservées aux archives des Affaires Étrangères ne laissent aucun doute sur l'orthographe de son nom بن عايشة.

mâïl qui, tout jaloux qu'il était de son pouvoir personnel, ne pouvait connaître suffisamment par lui-même les affaires de l'Europe et les caractères des souverains chrétiens[1]. Des relations amicales s'ensuivirent entre le Maroc et l'Angleterre dont on favorisa les intérêts commerciaux, en contrecarrant les nôtres. Lors de l'avènement de Jacques II, Ben Aâïcha fut envoyé en ambassade à Londres pour saluer le nouveau roi et lui confirmer les bonnes dispositions du sultan à son égard. La révolution de 1688 et le renversement des Stuarts amenèrent un revirement dans la politique du Maroc vis-à-vis de l'Angleterrre, mais n'altérèrent pas les relations de Moulay Ismaïl avec Jacques II. Nous ne pensons pas cependant que ces sentiments d'amitié suffisent à expliquer l'envoi spontané de la lettre qui nous occupe. Il est plus probable qu'elle est une réponse à une ouverture faite secrètement par Jacques II à l'empereur du Maroc.

1. Moulay Ismaïl fut le souverain du Maroc le mieux informé de la politique européenne; il aimait à en parler avec les esclaves chrétiens lorsqu'il se rendait sur les chantiers où ceux-ci travaillaient à ses vastes constructions. Estelle, *Aff. Étr. Maroc, Mém. et Doc.*, III, f° 88. Ses ambassadeurs lui adressaient des correspondances politiques, comme ceux des cours européennes. La relation, sous forme de récit de voyage, de l'ambassadeur marocain envoyé en Espagne vers 1690 est un curieux spécimen des informations adressées à Moulay Ismaïl par ses agents. On trouvera en appendice un extrait de cette relation relatif à la révolution d'Angleterre et à la fuite de Jacques II en France. V. p. 105.

Quant à Ben Aâïcha, il fut rencontré et canonné en 1698 par un bâtiment français[1]. A la suite de cette attaque où il avait failli être fait prisonnier, il persuada à Moulay Ismâïl de se rapprocher de Louis XIV et de s'éloigner de l'Angleterre qui avait chassé le roi Jacques, son bienfaiteur, pour se donner à un Hollandais. C'est pour l'exécution de ce dessein que l'amiral marocain fut envoyé en ambassade à la cour de France en 1699. Très intelligent, très flatteur et très roué, il sut plaire à la cour et à la ville; le *Mercure* et la *Gazette de France* racontèrent ses mots heureux. Louis XIV, qui savait les services que l'amiral Ben Aâïcha, le seul homme du Maroc qui fût au courant des affaires européennes, avait rendus à l'Angleterre, ne négligea rien pour donner à l'ambassadeur marocain une haute idée de sa puissance; mais ce qui produisit sur Ben Aâïcha, plus encore que les pompes et les fêtes, cette impression de grandeur, ce fut de retrouver à la cour de France le roi Jacques II, son ancien bienfaiteur, vivant sous la protection de Louis XIV. Il alla plusieurs fois le visiter à Saint-Germain, lui renouvelant l'expression de sa reconnaissance et l'assurant qu'il se dirait jusqu'à son dernier jour son esclave affranchi. « Lors-

1. « Le roi de Maroc, qui demande la paix au roi, a envoyé un ambassadeur qui est arrivé à Brest..... Cet ambassadeur est celui qui commande ses vaisseaux à Salé et nous l'avons pensé prendre cette année. » DANGEAU, *Journal de la cour de Louis XIV*, à la date du 16 novembre 1693.

qu'il le vit pour la dernière fois, il se jeta à ses genoux, en le priant d'accepter un présent et en versant un torrent de larmes qui en fit couler à toute la royale famille des Stuarts[1]. »

---

1. Sur l'ambassade de l'amiral Abdallah ben Aâïcha à la Cour de France, V. *Gazette de France*; *Mercure de France*; DANGEAU, *Journal de la Cour de Louis XIV*, aux mois de février et mars 1699; THOMASSY, *Le Maroc. Relations de la France avec cet empire*. Paris, 1859, in-8; PLANTET, *Moulay Ismael, empereur du Maroc et la Princesse de Conti*. Paris, 1893, in-8. Il y avait dans cette attitude une part d'exagération orientale et une part de rouerie. Ben Aâïcha est le type achevé du plénipotentiaire marocain habile aux atermoiements et se dérobant à la fin d'une longue négociation, sous prétexte de pouvoirs insuffisants, se jouant tour à tour des puissances européennes et faisant croire à chacune que, grâce à lui, elle est seule à avoir l'oreille du sultan. Nous avons dit quel accueil il avait reçu en Angleterre, soit lors de sa captivité, soit pendant son ambassade et cependant, à la date du 13 juin 1709, il écrit à Pontchartrain : « Nous vous avertissons de vous donner bien garde de vous laisser abuser aux paroles des Anglais, car les Anglais n'ont point de jugement. Vous n'ignorez peut-être pas qu'en mon particulier j'en veux beaucoup aux Anglais à cause des malhonnêtetés qu'ils ont eues pour moi, dans le temps que j'étais esclave chez eux..... Notre Maître ne veut plus entendre parler d'eux, il les a en horreur... Si vous voulez entrer en négociation avec nous, faites diligence, etc... » *Aff. Étr. Maroc, Correspondance*, I, f° 120. — Le principal objet de l'ambassade de Ben Aâïcha était d'étudier les bases de l'accord existant entre

La lettre arabe de Moulay Ismâïl à Jacques II est écrite sur le recto d'une feuille de papier grand format de $0^m,71$ sur $0^m,46$; deux bandes d'or larges de $0^m,01$, coupées à angle droit, séparent à droite une marge de $0^m,17$ de largeur et laissent en haut un blanc de même dimension. Le khodja (secrétaire) du sultan arrivé au bas de la page, a continué à écrire dans la marge droite et dans le sens diagonal. La lettre est d'une écriture maghrebine relativement soignée, mais peu élégante.

Nous rappelons que le protocole musulman, en matière de correspondance, comme en toute autre matière, est un code minutieux. Voici le dispositif le plus généralement adopté dans les correspondances un peu relevées :

En tête et à droite de la feuille, on place toujours la formule : *Louange au Dieu unique*[1] ! à laquelle

la France, nation chrétienne, et la Turquie, État musulman. « Nous l'avons envoyé, écrit en 1709 Moulay Ismâïl rappelant à Louis XIV la mission de cet ambassadeur, afin que d'une manière effective, il nous apportât des renseignements sur la manière dont vous vous conservez en paix et amitié avec la Maison Ottomane. » *Aff. Étr. Maroc, Corresp.* I, f° 132.

1. Cet usage est général et les musulmans s'y conforment si scrupuleusement qu'ils n'écrivent pas trois mots sans les faire précéder de cette formule; il remonte au sultan Yacoub el-Mansour (1184-1199). « C'est lui qui, le premier des souverains almohades, écrivit, de sa main, en tête de ses lettres : Louange à Dieu unique! On se conforma partout à cet usage, en commençant tous les écrits par ces belles paroles de ralliement qui

correspond sur la partie gauche de la feuille une brève invocation soit à Dieu, soit à son prophète Mahomet. Après un intervalle de quelques lignes, le secrétaire mentionne le nom du personnage qui écrit, en le faisant précéder d'une énumération de ses vertus et de ses pieuses qualités. Parfois — et c'est le cas de la lettre qui nous occupe — le nom est remplacé par le cachet du personnage [1]. Vien-

embellirent et ennoblirent son règne ». BEAUMIER, *Traduction du Roudh el-Kartas*, Paris. 1860, in-8, p. 305. Une coutume analogue s'est conservée chez certain ordres religieux. La formule A. M. D. G. (Ad Majorem Dei Gloriam) que les jésuites inscrivent en tête de leurs écrits rappelle celle des musulmans.

1. Le terme *cachet* que l'usage a conservé est tout-à-fait impropre dans le cas des lettres arabes, puisque le plus souvent il ne s'agit pas d'un sceau appliqué sur de la cire, mais d'une empreinte faite avec un timbre humide ou encore d'un chiffre avec exergue dessiné et peint par un artiste, comme c'est le cas pour la lettre de Moulay Ismaïl à Jacques II. La place du cachet a une grande importance dans le protocole arabe. Un inférieur écrivant à un supérieur le place au bas de sa lettre, ceux seuls qui détiennent l'autorité apposent leurs cachets entre « la louange à Dieu » et le commencement de la lettre. Ce sont là les règles qui fixent les cas extrêmes de la hiérarchie, mais il existe des cas intermédiaires pour lesquels le tact est le plus sûr guide. Le code de la civilité musulmane, la science des bienséances علم الآداب consacre un chapitre aux cachets. Voici, d'après la tradition arabe, les exergues des cachets de Noé, de Moïse et de Jésus.

Sur le cachet de Noé, on lisait : لاالٰه الا الله الف مرّة يا ربّ اصلحني. *Point de Dieu si ce n'est le Dieu; mille fois, ô Seigneur, pacifie-moi.* Le cachet de Moïse portait : اصبر توجر اصدق

nent ensuite des souhaits de bonheur et de gloire formés pour l'auteur de la lettre, puis la salutation et les compliments adressés au destinataire et proportionnés à son rang. Enfin on arrive à l'exposé de la lettre, sans autre transition, sans autre entrée en matière, que les mots *ensuite*, *après*. Une brève salutation termine la missive, qui n'est jamais signée.

La traduction que nous donnons est celle même de Pétis de la Croix, secrétaire interprète du roi Louis XIV pour les langues orientales[1]; elle est

تنج *Sois patient et tu seras récompensé, sois sincère et tu seras sauvé.* Sur le cachet de Jésus était inscrit :

طوبى لعبد ذكر الله من اجله
ويل لعبد نسي الله من اجله

Bienheureux le serviteur de Dieu qui se souvient de Dieu à cause de lui.
Malheureux le serviteur de Dieu qui oublie Dieu à cause de lui.

1. Pétis de la Croix (François), 1653-1713, fils de François Pétis, secrétaire-interprète du roi pour les langues orientales, fut lui-même un savant orientaliste : il se forma par de nombreux voyages en Turquie, en Syrie et en Perse, fut nommé en 1682 secrétaire-interprète au service de la Marine. Il accompagna au Maroc M. de Saint-Amant envoyé par Louis XIV auprès du sultan Moulay Ismaïl et « prononça en arabe la harangue de l'ambassadeur avec tant d'élégance et de pureté que le monarque et toute sa cour avouèrent sa supériorité ». Il fut plusieurs fois employé comme négociateur dans les affaires avec les Régences barbaresques. Il exerçait, en fait, les fonctions d'interprète du roi, sauf dans les audiences où son père, titulaire de la charge, était obligé de paraître. Louis XIV le nomma en 1692, professeur d'arabe au Collège royal, avec la

assez fidèle, à l'exception de quelques erreurs de sens que nous signalerons. Les versets du Coran cités par Moulay Ismâïl ont généralement été assez bien identifiés par l'interprète qui les a placés entre guillemets. Il n'en est pas de même des *hâdît*[1] que Pétis de la Croix ne semble pas avoir reconnus. Nous avons conservé, autant que possible, à cette traduction sa forme archaïque, car les répétitions, les *iceux*, les *icelles*, etc., permettent de mieux suivre la phrase arabe ; nous en avons seulement modernisé l'orthographe.

Lettre de Moulay Ismâîl à Jacques II[2].

Loué soit Dieu seul !

Il n'y a de force et de puissance que dans ce Seigneur très haut et très grand ; il n'y a point d'autre maître adorable que lui.

survivance de la charge de son père. Il a publié plusieurs ouvrages sur l'Orient et en a laissé un certain nombre de manuscrits. Quelques bibliographes lui attribuent à tort la *Relation universelle de l'Afrique ancienne et moderne*. Lyon, 1688, 4 vol. in-12. Cet ouvrage médiocre, démarquage de celui de Dapper, a pour auteur un Lyonnais, Phérotée de la Croix (?-1715).

1. V. sur ce mot, p. 2, note 2.

2. L'interprète a écrit en tête de sa traduction : « Lettre de Moula Ismael, Roy de Maroc, à Jacques second, Roi de la Grande Bretagne du 26 février 1698, écrite en langue arabesque. »

De la part du serviteur de Dieu, qui se confie en Dieu, qui en toutes ses affaires se résigne à Dieu, qui se passe, l'ayant avec soi, de tout autre que de lui, le prince des vrais croyants, qui combat pour la Religion de Dieu, Seigneur de ce monde et de l'autre[1].

(Ici le sceau ou chiffre du Roy de Maroc qui contient ces termes en or[2] » :)

« *Ismael, fils du chérif de la lignée de Hassan*[3]; *que Dieu le rende victorieux et triomphant!*

(Et autour du sceau est écrit aussi en or :)

« *Dieu veut sur toutes choses vous nettoyer de toutes souillures, ó princes du sang du Prophète et vous purifier entièrement*[4]. »

1. *Maître de toutes les choses créées*, ou bien *Seigneur de tous les mondes*. Le traducteur a commis un contre-sens, en prenant العالمين pour un duel.

2. Ce chiffre est reproduit en photogravure dans les fac-simile de la lettre arabe et de la lettre espagnole. V. planches. IV et V.

3. Ḥasan, fils d'Ali et de Fathma, fille de Mahomet.

4. « *Dieu veut éloigner de vous toute souillure, gens de la maison* (c'est-à-dire membres de la famille du Prophète) *et vous assurer une pureté parfaite.* » Cette exergue est tirée du *Coran*, sourate XXXIII, verset 33. Quelques théologiens, parmi ceux qui ont le fétichisme de la descendance du Prophète, donnent de ce verset l'interprétation suivante : Dieu a voulu que la couche d'un chérif fût préservée de la souillure de l'adultère et que les enfants de la glorieuse lignée de Mahomet fussent toujours légitimes. Contester, d'après ces commentateurs, la légitimité d'un chérif, ou plutôt accuser d'adultère la femme d'un chérif, est pécher contre la foi. La femme d'un

Dieu donne un heureux succès à ses entreprises,

chérif, pas plus que celle de César, ne doit être soupçonnée. On sait que la tendre Aâïcha, l'épouse bien-aimée du Prophète, n'avait pas été à l'abri de la calomnie. Un certain soir, au retour d'une expédition où elle accompagnait l'apôtre de Dieu, on ne l'avait pas trouvée dans son palanquin, et elle n'était rentrée au camp que le lendemain matin accompagnée par Safwân ben Moâttal ; les médisances ou les calomnies étaient allées leur train et Mahomet, pour leur imposer silence, dut recourir à la révélation ; la sourate 24 descendit du ciel pour dissiper les derniers doutes du Prophète et venger l'honneur d'Aâïcha. Dozy, *Essai sur l'histoire de l'islamisme*, p. 79. — Il faut lire dans Caussin de Perceval, *Essai sur l'histoire des Arabes*, le délicieux récit de cette aventure fait par Aâïcha elle-même, t. III, p. 164 et ss. La calomnie s'attaqua aussi à la mère d'Edris II. Les émirs aghlabites, dans le dessein de discréditer la dynastie qui s'élevait sur le Maghreb el Akça, prétendirent que l'enfant posthume reconnu comme Edris II était né des œuvres de Rached, affranchi de la famille. Ibn Khaldoun s'élève contre ce soupçon. « Edris II, dit-il, naquit sur le lit de son père ; or l'enfant appartient au lit. De plus, *c'est un des dogmes de la foi que la descendance du Prophète est à l'abri d'un soupçon comme celui-là.* » Puis, citant le verset 33 de la sourate xxxiii, il ajoute : « Il résulte de cette déclaration du Coran, que *le lit d'Edris I était à l'abri de toute profanation et exempt de toute souillure. Donc celui qui soutient l'opinion contraire a commis un péché mortel et s'est jeté dans l'infidélité.* » *Prolégomènes*, I, pp. 46-50.

Cette fidélité des épouses de chérifs est loin d'être admise comme un dogme par tous les musulmans. Un lettré avec qui je traitais ce sujet délicat, me fit cette réponse tirée, je crois, des ḥâdit : ليس على فروجهن اقفال ; ce qui peut se traduire honnêtement en français par : « Il n'y a pas de cadenas pour la vertu des femmes ».

lui fasse la grâce de l'aider de son aide, de lui faciliter toutes ses affaires, lui perpétuer les bonnes mœurs et les bonnes œuvres de l'oraison[1]! Ainsi soit-il par le Seigneur de ce monde et de l'autre[2].

Au roi[3] des Anglais, demeurant au pays de

1. « Que Dieu l'assiste de sa puissante victoire, lui accorde sa protection et lui facilite le succès; qu'il perpétue, au milieu des bonnes actions, ses nobles vertus et son excellente réputation! »

2. Même contre-sens que ci-dessus. V. p. 57, note 1.

3. Ṭâghia طاغية, mot qui signifie : *tyran, usurpateur, souverain d'une maison idolâtre*. Ce nom est celui donné aux grands monarques non-musulmans dans les premiers temps de l'islam, celui par lequel Charlemagne est désigné dans les chroniques arabes. Les appellations et les titres donnés aux rois chrétiens dans les actes diplomatiques et les lettres officielles par les souverains du Maroc ont varié suivant le degré de fanatisme de ces derniers et les nécessités de la politique; mais il leur a toujours répugné de conférer à des chrétiens des titres qu'ils pensaient n'appartenir qu'à des croyants. Ils ne pouvaient pas évidemment les qualifier de khalifes (lieutenants du Prophète), mais ils n'avaient aucune raison pour ne pas les appeler sultans, puisque ce titre, porté à l'origine par des princes musulmans qui avaient enlevé aux khalifes le pouvoir temporel, n'avait aucun caractère religieux. Cependant les chérifs du Maroc, ayant eux-mêmes adopté ce titre en 1637, ne voulurent plus le donner à des rois chrétiens. Moulay Ismaïl ne s'en sert jamais dans sa correspondance avec Louis XIV qu'il qualifie suivant son humeur : « Le plus grand des Roum (Européens), le chef du royaume de France » (18 août 1693) ou « Le tyran (ṭaghia) de France (5 septembre 1699). Quant il lui écrit en espagnol, il emploie la formule plus brève du protocole européen : « A Dom Louis XIV, par la grâce de Dieu, roi de France et de Navarre » (21 juillet 1709). Les successeurs de Moulay

France, Jacques second, appelé en leur langue

Ismâïl firent de même, et quelques-uns crurent éviter toute difficulté diplomatique, en se servant du mot espagnol *el rei* (le roi). Cette intention manisfeste de refuser aux rois de France le titre de sultan finit par paraître inconvenante, et, en 1782, Louis XVI fit faire des représentations au sultan Sidi Mohammed (1757-1790) qui ne lui avait donné que ce titre de *el rei*; le chérif lui répondit par un véritable sermon sur l'humilité. « Quant à la demande que vous faites pour que nous vous donnions le titre de sultan, il faut que vous sachiez que l'on ne pourra reconnaître que dans l'autre vie qui sont ceux qui méritent ce nom. Ceux qui auront été agréables à Dieu, qu'il regardera favorablement, qu'il revêtira de vêtements impériaux et auxquels il mettra la couronne sur la tête, ceux-là seront dignes du titre de sultan... Quant à ceux, au contraire, qui seront dans cette vie l'objet de la colère de Dieu, auxquels on passera une corde sur le cou... ils seront bien loin de porter le titre de sultan... Ne nous donnez donc plus désormais, quand vous nous écrirez, le titre de sultan ni aucun autre titre honorifique, et contentez-vous ne nous appeler du nom que nous avons reçu de notre père qui est : Mohammed ben Abdallah, ainsi que nous le ferons nous-même, en écrivant soit à vous, soit à d'autres... Si les Régences de la partie orientale de l'Afrique se servent envers vous de la dénomination de sultan, c'est uniquement pour vous complaire qu'elles en agissent ainsi. Quant aux lettres que vous recevez de la cour ottomane dans lesquelles on vous donne ce titre, elles sont écrites par le vizir et ne sont pas même lues par le prince ottoman, car s'il les lisait, il vous dirait la même chose que nous. » Notre consul Chénier écrivait à propos de cette difficulté d'étiquette que le sultan du Maroc aurait dit : « Je consens à appeler le roi de France « le juste » s'il peut prouver qu'il paraît ainsi aux yeux de Dieu ». Cf. *Aff. Étr. Maroc, Correspondance*; Silvestre de Sacy, *Chrestomathie arabe*, t. III,

James. Le salut soit sur ceux qui suivent le droit chemin et qui s'éloignent de la voie d'erreur et de mal, qui croient en Dieu et en son prophète et qui ont été dirigés[1].

Ensuite, nous vous écrivons ces lignes pour deux raisons, l'une qui regarde la religion et l'autre qui concerne la politique[2]. Ce qui nous a

p. 332; IBN KHALDOUN, *Prolégomènes*, t. I, p. 387, et t. II, p. 10; THOMASSY, *loc. cit.*, p. 294.

1. Ce salut plutôt négatif, puisqu'il n'est souhaité au destinataire de la lettre qu'autant que celui-ci est dans « le droit chemin » est le seul admis de musulman à chrétien. L'ambassadeur marocain envoyé vers 1690 par Moulay Ismâîl au roi Charles II d'Espagne relate avec une certaine morgue, dans son récit de voyage, la réponse qu'il fit au comte Carlos del Castillo, introducteur des ambassadeurs à la cour, qui voulait régler avec lui cette question d'étiquette : « Il (le comte Carlos del Castillo) se mit à nous questionner sur la manière dont nous saluerions, afin d'en donner avis au roi, avant notre entrée, attendu que nous étions les premiers de notre nation — que Dieu l'exalte! — a être reçus par lui. Nous lui fîmes connaître quel était notre salut entre coréligionnaires et celui que nous donnions aux personnes n'appartenant pas à notre religion. Celui-ci était ainsi conçu : « Que le salut soit sur celui qui suit la voie droite » sans une parole de plus. Il s'en alla informer son maître de notre réponse. Le roi fut tout étonné de cette formule de salutation à laquelle il n'était pas habitué et qu'il ne pouvait qu'accepter, sachant bien que nous étions fermement résolus à ne pas y ajouter un mot. » *Voyage en Espagne d'un Ambassadeur Marocain* (1690-1691), traduit de l'arabe par H. SAUVAIRE. Paris, 1884, in-8, pp. 90, 91.

2. Les deux racines دَان et دَنَا d'où sont dérivés les mots *religion* et *politique*, *choses spirituelles* et *choses temporelles*,

porté à cela, c'est le désir de vous éveiller, de vous donner conseil, de vous avertir et de vous diriger, le tout en considération de ce que le feu Roi d'Angleterre, votre frère, nous avait fait connaître ses sentiments véritables au sujet de sa croyance en Dieu et de sa religion et, comme il était divinement inspiré et persuadé que notre religion était la plus excellente de toutes[1], et, à cause de cela, il

ont un son très voisin et forment allitération dans la phrase arabe. Un exemple de cette même allitération se trouve dans la réponse si caractéristique que fit un jeune chérif marocain à son père qui lui demandait de résumer ses impressions, au retour d'un voyage en pays chrétien :

دينهم كدُنيانا و دُنياهم كديننا

« Leur religion (la religion des chrétiens) est comme notre gouvernement; leur gouvernement est comme notre religion ». C'est-à-dire, en rétablissant les qualificatifs sous-entendus : « Leur religion est aussi détestable que notre gouvernement; leur gouvernement est aussi parfait que notre religion ».

Les souverains chérifiens, sans aller jusqu'à faire comme Moulay Ismaïl de la controverse et du prosélytisme dans leur correspondance avec les souverains chrétiens, ont toujours aimé à appuyer de citations religieuses leurs considérations sur les événements politiques. La lettre du sultan El-Oualid (1633-1645) adressée au roi d'Angleterre Charles Ier et que nous reproduisons (Appendice II, p. 113) est un spécimen du genre.

1. من الشفوف والشرف « par sa clarté et sa noblesse », membre de phrase dont la traduction a été omise.

Les dispositions manifestées par Charles II en faveur de l'islam paraissent assez invraisemblables; il faudrait, pour en acquérir la preuve, consulter les minutes de la correspondance royale qui font défaut défaut pour cette époque. Quant aux lettres adressées par Moulay Ismaïl à Charles II conservées au

nous demandait la paix[1] pour Tanger et envoya à cet effet à notre haute cour[2] un de ses officiers et cela plus d'une et deux fois[3], dans le dessein d'honorer notre dignité de Chérif. Selon nos lois, en effet, la correspondance de lettres est permise entre les Rois, nonobstant la diversité des langues et la différence des religions[4].

Public Record Office, elles ne renferment aucune allusion à ces sentiments. *Foreign Office Documents. Modern Royal Letters. Second Series Emperor of Morocco, 1564-1737.* — Si l'on se rappelle le grand scepticisme du roi Charles II, dont la religion était un pur déisme, il est possible d'admettre que. dans sa correspondance avec le sultan du Maroc, il ait parlé en termes élogieux de l'islam. D'ailleurs, à cette époque et du fait de la conversion du duc d'York au catholicisme, les questions religieuses avaient créé en Angleterre de profondes divisions; elles pouvaient échapper d'autant moins à Moulay Ismâîl qu'elles étaient à l'état aigu dans la garnison de Tanger dont un des régiments était papiste. Rappelons, sans tirer de cette boutade une importance qu'elle ne comporte pas, que le colonel Richard Kirke envoyé en mission en 1683 à Mekinès avait promis à Moulay Ismâîl de se faire musulman, si jamais il changeait de religion. Cf. *Dictionary of National Biography.*

1. المهادنة. Mieux : une trêve.

2. لمقامنا العلى بالله. « A notre Majesté l'élevée par Dieu ».

3. المرة الاولى و الثانية. « Une première et une deuxième fois ». C'est-à-dire : « à deux reprises différentes ». Ambassades de lord Henry Howard en 1672 et en 1675. Mission du colonel Richard Kirke et du lieutenant Nicholson en 1683. Le texte arabe porte من بعث « quelques-uns de ses officiers ».

4. Cependant le souverain chrétien doit écrire le premier, si l'on en juge par la réponse faite en 1804 par Moulay Abd es-Selam, frère de Moulay Sliman, empereur du Maroc, au chancelier du consulat de France à Tanger. Notre agent insis-

Nous l'avons approuvé en ce qu'il a fait et nous avons satisfait à ce qu'il a désiré de nous, puis nous lui avons envoyé un de nos officiers en qualité d'ambassadeur, qui est arrivé à sa cour et s'est présenté à lui comme vous avez vu. Vous avez même été témoin [1] de la joie qu'il a éprouvée de le voir et de la bonne réception qu'il lui a faite, tellement que cet ambassadeur est revenu joyeux et content, de quoi nous avons eu une grande satisfaction. Nous avons toujours eu cela en considération et nous lui avons tenu parole en tout ce que nous avons géré et conclu à Tanger [2]. Cela est si

tait auprès de Moulay Abd es-Selam pour que le sultan, son frère, prit l'initiative d'envoyer des félicitations à Napoléon Ier qui venait d'être proclamé empereur; il s'attira cette réponse : « Le sultan des vrais croyants ne doit pas commencer à écrire à celui des chrétiens. Ne me parlez plus comme cela ». THOMASSY, p. 371.

1. كما شاهدته و رايته. « Comme vous en avez été témoin, l'ayant vu par vous-même [puisque vous vous trouviez à la cour du roi votre frère]. » Ces mots font partie de la phrase précédente qu'ils terminent. La phrase suivante peut être rétablie ainsi : « Il [Charles II] a été très satisfait de notre ambassadeur, il l'a comblé d'honneurs et s'est grandement réjoui de sa venue et celui-ci nous est revenu... » L'ambassadeur dont il est ici question est le fameux Abdallah ben Aâïcha. V. p 46.

2. La ville de Tanger, possédée par les Portugais depuis 1471, avait été donnée en dot à Catherine de Bragance, infante de Portugal, à l'occasion de son mariage avec Charles II d'Angleterre (1662). « Les Anglais s'installèrent dans Tanger comme dans une ville prise d'assaut..., transformant en écuries les temples du Seigneur, monuments de la foi portugaise. » Leur occupation restreinte à ce seul point fut très précaire : les

vrai que, lors de l'abandon qu'il fit de cette ville, nous n'avons pas seulement voulu prendre garde à ce qu'il fit, comme d'en transporter les munitions, les canons et les habitants, quoique les Maures voisins de cette ville en fussent témoins oculaires et nous informassent de ce qui s'y passait. Mais nous n'y voulûmes pas faire réflexion ni nous en mêler en aucune manière. Nous n'en usâmes ainsi qu'en reconnaissance des honnêtetés qu'il avait exercées envers notre ambassadeur et en exécution de la parole que nous lui avions

tribus des environs et les troupes de Moulay Ismaïl tenaient la garnison étroitement bloquée ou bien l'attiraient dans des embuscades meurtrières. En 1683, le parlement anglais ayant refusé des subsides pour l'entretien de Tanger, Charles II se décida à l'abandonner. Don Pédro II, roi de Portugal, fit de pressantes démarches pour que cette place fût rendue au Portugal, moyennant une indemnité pécuniaire, mais le roi d'Angleterre, d'accord avec son frère, le duc d'York, amiral du royaume (depuis Jacques II), persista dans sa résolution ; « il envoya à Tanger une flotte sous le commandement du Comte de D'Armouth, avec ordre de démolir la ville et les châteaux, aussi bien que le môle et de rendre le port inutile. Il employa environ six mois à exécuter sa mission ». La ville fut évacuée en 1684 et repeuplée par des Rifains. Pendant les 22 ans qu'avait duré leur occupation, les Anglais avaient été en continuelles négociations avec le Maroc, et c'est sans doute aux nombreuses trêves signées de part et d'autre que fait allusion la lettre de Moulay Ismaïl. — CASTELLANOS, *Historia de Marruecos*. Tanger, 1898. — BRAITHWAITE, *The History of the Revolution in the Empire of Morocco*. London, 1729. — *Archives du Service Hydrographique*, carton 59. IV : « *Memoire sur les places et costes des Estats du Roy de Maroc...* »

donnée à sa réquisition. Certes! nous aurions désiré qu'il fût resté en vie pour voir l'ouvrage que Dieu a opéré par nos mains à la conquête de l'Arache sur les Espagnols[1] et pour voir le siège de

1. La ville de Larache (El Araïch) était à l'Espagne depuis 1610; elle avait été occupée sans coup férir: Moulay ech Chikh, qui avait hérité en 1603 du royaume de Fez, se vit enlever le pouvoir par son frère Moulay Zidan. Complètement battu en 1609, Moulay ech Chikh dut se réfugier à Larache d'où il entra en négociation avec Philippe III par l'intermédiaire du Génois, Juanetin Mortara; le roi d'Espagne lui accorda un secours de 200.000 ducats et 6.000 fusils, à la condition que la ville de Larache resterait à l'Espagne, en garantie de l'exécution du traité. Le 21 novembre 1610, Don Juan de Mendoza, marquis de San German, prenait possession de la place, et les Espagnols, justifiant une fois de plus un dicton bien connu, y bâtissaient tout d'abord un couvent de franciscains; la ville fut par la suite entourée de solides fortifications. Vers la fin du XVIIe siècle, Larache, comme les autres presidios de l'Espagne au Maroc, servait de lieu de déportation pour les condamnés et de lieu d'exil pour les officiers en disgrâce qu'on y envoyait faire leur service. « Les Franciscains, dit un contemporain, étaient réellement les maîtres de la ville, comme les gens d'Église le sont en Espagne ». Le seul avantage que les Espagnols attachaient à la conversation de cette place était de bénéficier du privilège de la croisade. Aussi, quand en 1689, Moulay Ismaïl vint y mettre le siège, elle se rendit sans opposer de résistance sérieuse. « Très certainement, dit Braithwaite, les Mores ne durent cette conquête qu'à la trahison des moines dont le ventre affamé ne put soutenir le retranchement des vivres. » Cette assertion mérite d'être vérifiée, mais ce qui semble établi, c'est qu'à l'exception de toute la garnison, les Franciscains et les officiers ne furent pas réduits en servitude. Notre consul Estelle rapporte que les officiers mis en li-

Ceuta[1] que nous faisons aujourd'hui ; il verrait les

berté furent dirigés sur Ceuta pour y être échangés à raison de 20 Maures pour un officier. Quant aux soldats espagnols qui restaient en captivité, ils ne cachaient pas leur mécontentement et disaient hautement que « c'était leurs officiers qui avaient perdu la place, tandis qu'eux avaient fait leur devoir ; le plus grand nombre prit le turban. » Cf. CASTELLANOS, *loc. cit.* ; BRAITHWAITE, *loc. cit.* ; OCKLEY, *Relation des états du Fez et de Maroc*, traduit de l'anglais. Paris, 1720, in-12, et *Aff. Étr.*, *Mém. et Doc. Maroc*, 3, f° 89.

1. Ceuta avait été pris par les Portugais en 1180. Lors de la réunion, en 1580, du Portugal à l'Espagne, il devint possession espagnole et resta tel, même après la révolution de 1640, alors que les anciennes places du Portugal dans les quatre parties du monde faisaient retour à Jean IV, duc de Bragance. Après avoir chassé les chrétiens de Tanger, de la Mamora et de Larache, Moulay Ismâïl voulut leur enlever Ceuta et vint investir cette place en 1694. Ce fut plutôt un long blocus qu'un véritable siège ; les Marocains entourèrent la ville d'une ligne de tranchées et, une fois à l'abri des coups des chrétiens, ils bâtirent des maisons, une mosquée, cultivèrent les terres et plantèrent des jardins, se contentant de repousser les sorties dirigées contre eux ou d'attaquer les points où la surveillance des assiégés leur paraissait en défaut. L'intention de Moulay Ismâïl était d'épuiser ainsi les ressources des Espagnols et de les amener à livrer la place, comme ils l'avaient fait à Larache, ou à l'évacuer, comme les Anglais avaient évacué Tanger. Cet investissement de Ceuta, qui se prolongea pendant 26 ans (1694-1720), coûtait fort peu au sultan qui entretenait seulement dans l'armée assiégeante un détachement de sa garde noire ; les contingents des tribus y venaient passer un mois à tour de rôle et les Juifs fournissaient chaque vendredi une contribution de poudre que l'on dépensait avec beaucoup de fracas inutile. La garnison espagnole, composée de 1.000 fantas-

dépenses extraordinaires que les Espagnols sont obligés d'y faire et le nombre innombrable de piastres qu'ils emploient pour la fournir de provisions. Par tout cela il connaîtrait la fidélité que nous lui avons gardée et comme nous avons fermé les yeux sur tout ce qu'il faisait à Tanger. Il verrait que la parole et les traités que nous avons avec lui n'ont jamais souffert d'altération [ni de prévarication][1] de notre part, tellement que la bonne conduite de votre frère et les témoignages qu'il nous a rendus de sa bonne conscience et la persuasion où il était de la vérité de Dieu[2], sont

sins, de 100 cavaliers, de 80 artilleurs, de 60 marins et de 200 religieux, paysans et forçats, put être constamment secourue et ravitaillée par mer, grâce à la position de Ceuta située à l'extrémité d'une presqu'île. De leur côté les troupes marocaines recevaient des vivres et des munitions de l'Angleterre. Pendant la guerre de la Succession d'Espagne, Louis XIV agita le projet de débloquer Ceuta, mais les Espagnols, se défiant de nos intentions, n'acceptèrent pas l'envoi d'une troupe française. Enfin, le 15 novembre 1720, une brillante sortie conduite par le marquis de Lède mit les assiégeants en complète déroute et Moulay Ismaïl mourait sept ans après, sans avoir pu réaliser complètement la pensée dominante de son règne qui était de « débarrasser le Maghreb de la souillure de l'infidélité. » Godard, *Histoire du Maroc*. Paris, 1860, 2 vol. 8°; Chénier, *Recherches historiques sur les Maures et histoire de l'empire du Maroc*. Paris, 1787, 3 vol. 8°; Castellanos, *loc. cit.* Aff. Étr. *Mém. et Doc. Maroc*, 3, f° 195.

1. Les mots entre crochets ont été ajoutés par le traducteur.

2. Là s'arrête la copie que nous croyons être un commen-

les causes qui nous portent à présent à vous écrire afin de témoigner notre reconnaissance à ses honnêtetés.

Cette missive n'est donc que pour vous représenter deux affaires, comme nous vous l'avons déjà dit; l'une qui regarde la religion et l'autre, la politique.

A l'égard de celle qui regarde la religion, vous y trouverez de l'utilité pour ce monde et pour l'autre, tant par les bons conseils que nous vous y donnons que par les lumières de la direction dont vous pouvez vous éclairer. Il faut donc que vous sachiez que Dieu — dont le nom soit glorifié et les attributs sanctifiés — n'a créé toutes les créatures que pour le servir et le reconnaître comme le seul Dieu, sans lui donner de compagnon. Les paroles divines de ce Seigneur en font foi lorsqu'il dit : « *Je n'ai créé les génies et les hommes que pour me servir et m'adorer; je ne leur demande point de richesses et je ne veux point qu'ils me donnent à manger parce que c'est moi qui suis le nourricier universel et le maître de la puissance invincible* [1]. » Mais

cement de brouillon du traducteur et qui est dans le fonds *Angleterre, Mém. et Doc.*, 75, f° 154. V. la note 1, page 1.

1. *Coran*, sourate LI, versets 56, 57, 58. Nous écrirons en italiques, pour les mettre en évidence, les passages du *Coran* cités par Moulay Ismaïl. La croyance aux génies (*Djinn*, pl. : *Djenoun*) fait partie du dogme musulman. Les Arabes, avant l'islam, supposaient que les Génies étaient des fils et des filles de Dieu; cette doctrine est réprouvée par le Coran; les Génies sont des créatures de la Divinité au même titre que les hommes,

ce culte, que Dieu a enjoint à ses créatures, a besoin de médiateurs pour faire savoir de sa part à ces mêmes créatures ce qu'Il leur a ordonné. Or, par un effet de sa bonté et de sa miséricorde pour les hommes, Il leur a donné des médiateurs de leur propre espèce qu'Il a envoyés vers eux et qu'Il a choisis parmi eux-mêmes. Il leur a envoyé des apôtres et, par eux, Il leur a fait savoir ses commandements[1]. Ceux qui ont cru en eux, ce sont ceux dont Dieu avait prédestiné la béatitude

mais ils ont été créés avant l'homme, non de la boue, mais d'un feu sans fumée, d'un feu subtil; il ne saurait y avoir de parenté entre les Génies et Dieu, Dieu est trop au-dessus de pareilles imputations. Cf. *Coran*, LV, 14; XV, 27; VI, 100; XXXVII, 158.

1. *Il y eut des envoyés chargés d'annoncer et d'avertir, afin que les hommes n'aient aucune excuse devant Dieu, après les missions des apôtres... Coran*, IV, 163. *O enfants d'Adam! il s'élèvera au milieu de vous des apôtres, ils vous réciteront mes enseignements. Ibid.*, VII, 33. Dieu s'est servi de trois espèces d'intermédiaires, de médiateurs pour *annoncer* aux hommes ses commandements, pour leur *enseigner* sa doctrine, pour les *diriger*, pour les *avertir*, pour les *prêcher*; ces trois intermédiaires sont les *prophètes*, les *apôtres* et les *messagers*. D'après les docteurs musulmans, le prophète n'est point nécessairement apôtre et le messager peut n'être ni prophète, ni apôtre, et n'avoir été chargé que d'une mission d'avertissement : ainsi furent Houd, Saleh, Choaïb et même Alexandre le Grand (Dou el-Kerneïn). Abraham, Isaac et Jacob furent simplement des prophètes, ne reçurent mission que pour l'intérieur de leur famille. Moïse, Jésus, Mahomet, au contraire, réunissaient les fonctions de prophète et d'apôtre; ils agirent en dehors de leur cercle intime, s'adressèrent à l'humanité tout entière. Cf. La Baume, *Le Koran analysé*.

éternelle et ceux qui n'ont pas voulu croire, ce sont ceux dont Il a écrit le malheur et la damnation éternelle et qui sont réprouvés[1].

Le dernier et le sceau de tous ces médiateurs, apôtres et prophètes et le premier et seigneur d'iceux[2] est notre seigneur Mahomet — à qui Dieu donne ses bénédictions —. Il a rendu sa religion la meilleure des religions, sa loi la plus excellente des lois et sa secte la meilleure des sectes. Il n'y a rien de plus certain que Jésus a annoncé la venue de Mahomet et sa mission[3], comme Moïse,

1. *Nous avons envoyé des apôtres vers tous les peuples... les uns ont cru, les autres ont été prédestinés à l'égarement. Coran*, XVI, 38. *Ceux qui ne croient pas en Dieu et à ses apôtres... nous avons préparé pour eux un supplice ignominieux. Ceux qui croient en Dieu et à ses apôtres... obtiendront leur récompense. Ibid.*, IV, 149, 150, 151. Ces versets et quelques autres de même nature établiraient d'une façon irréfragable le fatalisme de l'islam, si l'on ne pouvait leur en opposer autant d'autres qui contredisent cette doctrine : « Les Sémites ne sont pas des caractères entiers, nourris de dialectique, suivis dans leurs raisonnements; leurs prophètes n'ont pas enseigné une doctrine unique et constamment la même. Ces hommes admirables changeaient et se contredisaient beaucoup; ils usaient dans leur vie trois ou quatre théories; ils faisaient des emprunts à ceux de leurs adversaires qu'ils avaient le plus durement combattus... Ce qui fait la fixité des opinions leur était étranger. » Renan, *L'Antéchrist*.

2. Mahomet, quoique venu le dernier dans la succession des prophètes, aurait cependant, d'après la tradition, été créé le premier. V. ci-après, p. 70, note 2.

3. *Jésus, fils de Marie, disait : O enfants d'Israël! Je suis*

fils d'Amran, — sur qui soit le salut — a annoncé la venue de Jésus[1]. Et, quoique notre prophète soit le dernier venu de tous, cependant il a été créé le premier[2].

l'apôtre de Dieu, envoyé vers vous pour continuer le Pentateuque qui vous a été donné avant moi et pour vous annoncer la venue d'un apôtre après moi dont le nom sera Ahmed. Coran, LXI, 6. Quelques docteurs musulmans font application à Mahomet des passages du Nouveau Testament où il est question du second avènement de Jésus-Christ. *Matthieu*, XXIV, 44; *Luc*, XII, 40. D'autres prétendent que tout ce qui est dit dans l'évangile relativement à l'Esprit-Saint (Rouḥ-Allah) concerne Mahomet et il s'est trouvé des théologiens qui, faisant dériver le mot *Paraclet* de Περικλυτός (le Glorifié), ont prétendu que Mohammed et Paraclet étaient un seul et même nom. Il est à peine nécessaire de relever l'inexactitude de cette étymologie : l'Esprit-Saint est appelé dans l'Écriture le Paraclet Παράκλητος, c'est-à-dire le Consolateur, l'Intercesseur.

1. « *Jésus sera son envoyé auprès des enfants d'Israël. Il leur dira... Je viens pour confirmer le Pentateuque que vous avez reçu avant moi.* » *Coran*, III, 43, 44. Cf. Jean, IV, 46; Luc, XXIV, 44. Les musulmans admettent la révélation de plusieurs livres de l'Ancien Testament ainsi que celle de l'Évangile. D'après eux, les juifs et les chrétiens ne croiraient pas à cette révélation et ils auraient altéré ces livres qui ne sont plus dans la forme où ils leur ont été donnés ; aussi ne peuvent-ils être mis sur pied d'égalité avec le *Coran* donné aux Arabes, qui reste le seul livre sacré, le livre par excellence (el Kitab). Il est dit dans le Coran au sujet des altérations faites dans le Pentateuque par les Juifs : « *Ce livre que vous écrivez sur des feuillets, ce livre que vous montrez et dont cependant vous cachez une grande partie* », VI, 91.

2. Le Créateur aurait pris une parcelle de sa lumière et en aurait fait le prophète Mahomet, puis il aurait pris une par-

C'est un article de foi parmi nous de croire en

celle de la lumière mahométique et en aurait fait le reste du monde. Voici comment est rapportée cette tradition sur la *première* naissance de Mahomet. « Lorsque Dieu voulut créer l'univers, il commença par l'essence mahométique. Pour cela, il prit une poignée de la lumière qu'il venait de former et dit : Sois Mohammed ! Sois prophète de charité, d'amour et de gloire ! Alors la lumière devint une colonne lumineuse qui se mit à chanter la puissance de Dieu et sa gloire, et ce, avant l'apparition de toute apparition. C'est de cette colonne qu'il tira tous les univers. C'est ainsi que le Prophète est l'origine de tout ce qui est, la source de tout ce qui a été créé et la lumière d'où émane toute lumière ».

Il est à peine utile de relever ce qu'a d'ultra panthéiste une telle doctrine qui fait de Mahomet une émanation de Dieu, et de l'univers une émanation de Mahomet. Cette théorie de la naissance de Mahomet n'est pas conforme à l'orthodoxie musulmane et est en désaccord avec de nombreux passages du *Coran* où il est dit que Mahomet n'est qu'un homme d'entre les hommes, un *envoyé*, un *avertisseur*, un *prophète illettré ne connaissant pas les choses cachées*, etc. Cependant, d'après d'autres versets, Mahomet serait honoré de Dieu et des anges et on y donne à entendre que c'était par une modestie excessive que le Prophète cherchait à rabaisser sa personnalité. » *O croyants ! n'entrez point sans permission dans les maisons du Prophète, excepté lorsqu'on vous permet de prendre un repas avec lui et sans vous y attendre. Mais, lorsque vous y êtes invités, entrez-y, et dès que vous aurez mangé, séparez-vous et n'engagez pas familièrement des entretiens, car cela lui cause de la peine ; le Prophète rougit de vous le dire, mais Dieu ne rougit point de la vérité... Évitez de faire de la peine à l'envoyé de Dieu... Dieu et les anges honorent le Prophète. Croyants ! Adressez sur son nom des paroles de vénération et prononcez son nom avec salutation.* » XXXIII, 53, 56.

tous les prophètes et nous ne mettons point de différence entre eux[1]. Nous croyons que le Messie,

Un ḥadiṯ rapporté par Abd er-Rezzaḳ, d'après Djaber Ibn Abdallah, reproduit cette doctrine panthéiste de la naissance du Prophète. « Je demandai au Prophète : Quelle est la première chose que Dieu créa avant toute chose? Il me répondit : O Djaber ! avant toute chose, Dieu créa la lumière de ton Prophète ; Il la créa de sa lumière c'est-à-dire d'une lumière qu'Il créa et qu'Il qualifia sienne pour l'honorer davantage. — Cette lumière se mit à tourner, errant dans le Royaume (Malakout) de par la toute puissance et selon la volonté suprême. Alors il n'y avait ni table (laouḥ, table du destin), ni plume (ḳalam, la plume avec laquelle on écrit les destinées sur la table du destin), ni paradis, ni enfer, ni anges, ni ciel, ni terre, ni soleil, ni lune, ni génie, ni homme. Lorsque Dieu voulut accomplir la création, Il partagea cette lumière en quatre parties. De la première (1 : 4) il forma la plume de la seconde (1 : 4), la table, de la troisième (1 : 4) le trône (el arch) ; de la quatrième partie (1 : 4) il fit quatre autres parties ; la première $(1 : 4^2)$, ce sont les anges qui supportent le trône (ḥamalat el arch) ; la seconde $(1 : 4^2)$, c'est le siège (el koursi) ; la troisième $(1 : 4^2)$, c'est le reste des anges. Quant à la quatrième $(1 : 4^2)$, Il la divisa en quatre ; la première $(1 : 4^3)$ fut les cieux ; la deuxième $(1 : 4^3)$, les terres ; la troisième $(1 : 4^3)$, le paradis et l'enfer. La quatrième fut partagée en quatre : la première $(1 : 4^4)$ devint la lumière des yeux des croyants, la seconde $(1 : 4^4)$, la lumière de leurs cœurs qui est la connaissance de Dieu, la troisième $(1 : 4^4)$ fut la lumière de leur confiance qui est le monothéisme (et touḥid) exprimé par la formule : Il n'y a point de dieu, si ce n'est le Dieu, et Mahomet est le Prophète de Dieu. Ici se termine le ḥadiṯ sans mentionner ce qui a été fait de la dernière fraction $(1 : 4^4)$, soit : $\frac{1}{256}$e de la lumière primitive.

1. « *Ceux qui croient en Dieu et en ses apôtres et ne mettent*

Jésus, fils de Marie — sur qui soit le salut — est un des prophètes envoyés de Dieu, mais il n'a jamais prétendu aux titres que vous soutenez lui avoir été donnés ni aux formules exagérées avec lesquelles vous le louez. Dieu a dit au sujet de la sainte mère de Jésus : « *Marie, fille d'Amran*[1], *s'est conservée vierge intémérée, c'est pourquoi nous avons soufflé une partie de notre esprit en son sein*[2]. *Elle a cru aux paroles de son Seigneur et elle a été au nombre des obéissantes*[3]. Ce même Dieu a dit au sujet de Jésus ces paroles : « *Jésus, à l'égard de Dieu, est semblable à Adam qu'Il a créé de terre, puis Il a dit : Fiat et factum est*[4]. Il ajoute celles-ci :

point de différence entre aucun d'eux obtiendront leur récompense ». *Coran*, IV. 151. Il est dit, avec une apparence de contradiction : « *Nous élevâmes les prophètes les uns au-dessus des autres; les plus élevés sont ceux à qui Dieu a parlé* ». *Coran*, II, 254.

1. Y a-t-il confusion dans le *Coran* entre Marie, fille d'Amran, et sœur de Moïse et d'Aaron et la sainte Vierge Marie, fille de Joachim et de Hanna, ou bien les mots « Marie, fille d'Amran » doivent-ils être traduits par « Marie, de la race d'Amran » ? Nous ne nous prononçons pas sur cette question, mais nous rappelons que dans la sourate XIX, 29, Marie, mère de Jésus, est appelée sœur d'Aaron.

2. « Et Maria filia Imrani, quæ rimam suam tuita est, in quam (rimam) inflavimus spiritus nostri partem » *Traduction littérale donnée par Kasimirski.*

3. *Coran*, LXVI, 12.

4. *Coran*, XIX, 16-35; III, 40-53. — Pétis de la Croix a traduit en latin : كُنْ فَيَكُونُ.

« *Le Messie, fils de Marie, est seulement l'envoyé de Dieu et son verbe et une partie de son esprit qu'Il a projeté sur Marie. Croyez donc en Dieu et en son prophète et ne dites pas que Dieu a trois personnes, vous vous en trouverez bien. Certes! Dieu est seul et est bien au-dessus de la qualité d'avoir un fils; tout ce qui est dans les cieux et dans la terre lui appartient et il me suffit d'avoir Dieu pour garant de ce que j'avance. Le Messie lui-même ne disconvient pas de cette vérité et il ne refuse pas la qualité de serviteur de Dieu, non plus que les anges qui approchent du trône divin*[1] ». Tout homme qui refuserait d'être serviteur de Dieu serait un orgueilleux et Dieu ferait connaître son orgueil dans l'assemblée générale, au jour du jugement.

On doit croire que Dieu a élevé à Lui le Messie et que les Juifs — que Dieu les maudisse! — ne l'ont ni tué ni crucifié, mais qu'il s'est déguisé à eux[2] et qu'il descendra (sur terre) avant le jour (du

1. *Coran*, IV, 169, 170.

2. « *Non ils* [les Juifs] *ne l'ont point tué, ils ne l'ont point crucifié; un homme qui lui ressemblait fut mis à mort à sa place... Ils ne l'ont point tué réellement, Dieu l'a élevé à lui. Coran*, IV, 156. Cette légende n'est pas de l'invention de Mahomet. Les Manichéens, les Marcites, et d'autres docètes avaient déjà admis ce fait de la substitution d'un inconnu à Jésus. Cf. Maracci, *Refutatio Alcorani*, t. II, p. 119. Le passage suivant de la prophétie de Daniel a peut-être été le point de départ de cette croyance coranique. V. *Dan.*, IX, 26. Le texte hébreu porte : « *Le Messie sera retranché, et ce n'est pas lui.* » La Vulgate considère ce second membre de phrase comme incomplet et

jugement), qu'il y trouvera le Medhi qui est de la nation musulmane, descendant de la lignée de Fatime, fille de Mahomet, notre prophète, qu'il fera la guerre à l'Antéchrist. Il trouvera que le monde aura déjà réglé de prier Dieu derrière le Medhi (et de le reconnaître pour imam c'est-à-dire grand prêtre). Medhi dira à Jésus : « Avancez, ô prophète de Dieu, ou bien, ô âme de Dieu (et soyez le prêtre) ». Mais Jésus lui répondra : « C'est à vous que cela est réglé. » Ainsi Jésus fera la prière derrière un homme de la secte de Mahomet ; puis il gouvernera le monde selon la loi de Mahomet — sur qui soit le salut ! — et ensuite il tuera l'Antéchrist. Alors les chrétiens renieront Jésus-Christ ; c'est pourquoi il les tuera et il tuera les juifs jusqu'à ce que la pierre lui parle et lui dise : « O prophète de Dieu, ce juif vous a voulu faire mourir, tuez-le[1] ! » Tout cela nous a été annoncé par le Seigneur Dieu, lors qu'il dit : « Ce que nous annonçons à Mahomet lui-même qui se plaint que le Messie, fils de Marie, fera tomber sur nous un gouvernement de justice rigoureuse, car il brisera la croix en pièces et tuera le pourceau[2]. Il établira le tribut[3] et il recevra les

elle traduit, en le complétant : « *Et il ne sera pas son peuple, le peuple qui doit le renier* ».

1. Contre-sens. V. ci-après la traduction rectifiée.

2. Ce passage est absolument incompréhensible et commence par un contre-sens : ce sont les paroles du Prophète (ḥâdîṯ) que cite Moulay Ismaïl et non pas les paroles de Dieu (Coran). — V. ci-après la traduction rectifiée.

3. Contre-sens. V. ci-après la traduction rectifiée.

richesses tellement que personne ne l'acceptera et il n'agréera que les musulmans et même il sera compté du nombre des amis de notre prophète Mahomet ».

Nous croyons utile de donner une traduction un peu développée de ce passage qui est assez obscur, par suite de l'entrée en scène de trois personnages : le Mahdi, le Messie et l'Antéchrist[1]. Pétis de la Croix n'a pas suffisamment éclairci les difficultés du texte arabe, bien qu'il ait intercalé dans sa traduction quelques mots et même des phrases pour en compléter le sens. Nous userons d'une plus grande latitude, substituant une paraphrase à la traduction, quand l'interprétation littérale sera trop obscure et donnant dans des notes les explicatons nécessaires :

[Le Messie[2] descendra du ciel sur terre aux

1. Un ḥâdit dit : « Elle ne périra pas la nation [musulmane] dont je suis le commencement, le Mahdi, le milieu, et le Messie, fils de Marie, la fin ».

2. *El-Masîḥ* المسيح est par étymologie, en arabe comme en hébreu, celui qui a été frotté, qui a été oint d'huile et particulièrement de l'huile sacrée; de là les surnoms adéquats de Christ (Χριστός) et de Messie devenus des noms propres de Jésus. D'après la tradition musulmane, le Messie, qui a été soustrait à ses persécuteurs, se manifestera, à la fin des temps, pour prouver aux Juifs qu'ils ne l'ont pas tué, ainsi qu'ils le prétendent. C'est pour établir la preuve contraire, pour mettre les Juifs en face de leur crime et leur en montrer l'inanité que la parousie est annoncée dans *Zacharie*, XII, 10. Une tradition (ḥadiṯ) fait du Messie le portrait suivant : « Il sera de taille moyenne, son teint sera blanc et rose, sa chevelure sera bril-

approches de l'heure[1]; il y trouvera le Mahdi qui est de la nation musulmane descendant de Fatma la fille du Prophète[2] — sur lui soit le

lante et ruisselante, comme s'il sortait de l'eau ». Quelques musulmans ajoutent qu'il aura la plante des pieds entièrement pleine, ce que les Arabes appellent *masth*. Il est des théologiens, mais en petit nombre, qui, sur l'autorité du ḥadit où il est dit : « Point de Mahdi, excepté Jésus, fils de Marie », n'admettent pas l'apparition du Mahdi et identifient ce personnage avec le Messie. Cette opinion est assez plausible, car les prédictions de l'Ancien Testament relatives au Messie attendu par les Juifs comme un libérateur terrestre, comme un roi politique devant régner sur toutes les nations, semblent avoir été transportées au Mahdi.

1. *Es-Sâa* est l'heure par excellence, l'heure suprême du jugement dernier. *Moulay es-Sâa*, le Maître de l'Heure, est un des noms donnés au Messie et plus souvent au Mahdi. Dans les prières de la liturgie chrétienne, on trouve aussi les mots *jour* et *heure* employés sans aucun déterminatif pour désigner le jour et l'heure du jugement dernier.

2. *El-Mahdi*, le dirigé, le bien dirigé. On appelle aussi ce personnage le Fathémide (Cf. le Davidide des Juifs), pour rappeler son origine. » De tout temps, dit Ibn Khaldoun, les musulmans ont entretenu l'opinion que, vers la consommation des siècles, doit nécessairement paraître un homme de la famille du Prophète afin de soutenir la religion et de faire triompher la justice. Emmenant à sa suite les vrais croyants, il se rendra maître des royaumes musulmans et s'intitulera el-Mahdi. » *Prolégomènes*, II, 158. Ibn Khaldoun consacre un long chapitre à rapporter et à discuter les traditions relatives à cet être surnaturel; la première fait un dogme de cette croyance, car Mahomet a dit : « Quiconque est incrédule à l'égard du Mahdi est un infidèle. » Voici, rapprochés et combinés entre eux, les principaux *dires* du Prophète relatifs à ce personnage mysté-

salut — et il fera la guerre à l'Antéchrist[1].

rieux. « C'est un homme réel descendant de Fathma... Quand même le monde n'aurait plus qu'un jour à exister, certes, Dieu prolongerait ce jour jusqu'à ce qu'y ressuscitât un homme à moi ou un membre de ma famille dont le nom sera le même que le mien et dont le père portera le même nom que mon père... Cet homme règnera sur les Arabes... A son arrivée, la terre sera remplie d'oppression, d'iniquité et de violence... Il la remplira d'équité et de justice, autant qu'elle avait été remplie d'iniquité... Il délivrera l'humanité du polythéisme, c'est par nous (notre famille) que Dieu doit achever son ouvrage, de même qu'il l'a commencé par nous... Tous les musulmans devront se réunir à lui, quand bien même, pour le rejoindre, ils devraient ramper sur la neige... Il établira solidement l'islamisme sur terre où il restera sept ans et ensuite il mourra.. Il aura le front luisant, le nez aquilin... Pendant son passage sur terre, on jouira d'un bien tel qu'on n'en a jamais entendu de pareil; la terre produira toute chose bonne à manger et ne refusera rien; l'argent sera comme ce qu'on foule aux pieds et un homme se lèvera et dira : « O Mahdi! donne-moi » et le Mahdi répondra : « Prends »... Pour lui, Dieu versera la pluie... Il habitera Jérusalem... etc. »

Ces citations suffisent pour faire le rapprochement entre l'idée mahdiste et l'idée messianique d'Israël. Mais, si la croyance au Mahdi est un dogme pour les musulmans, elle n'a pas pour eux l'importance qu'a pour les Juifs la croyance en la venue du Messie et ils sont loin d'être, comme ces derniers, immobilisés dans l'attente d'un libérateur et d'un restaurateur. On peut dire que la plupart des musulmans croient au Mahdi comme les chrétiens croient au second avènement du Christ : les uns et les autres ont réalisé, en fait, les anciennes promesses; la révélation est close dans le christianisme comme dans l'islamisme.

1. L'Antéchrist est appelé par les Musulmans *ed-Deddjal*, الدجال l'imposteur par excellence, ou encore *el-Masiḥ ed-*

L'arrivée sur terre du Messie aura lieu à l'heure

Deddjal المسيح الدجال, le Faux Messie. Certains docteurs expliquent que le nom de Masiḥ sans qualificatif s'applique à l'Antéchrist, parce que ce mot peut être identifié (?) avec celui de *Mamsouḥ* مَمْسُوح qui est donné à un homme ayant un œil sans paupières ni prunelles, infirmité caractéristique de cet être diabolique. La croyance au Deddjâl, à un Antéchrist concret ayant une personnalité réelle, est un article de foi comme la croyance au Mahdi. « Quiconque, a dit Mahomet, est incrédule à l'égard du Deddjâl est un infidèle. » La description, en termes probablement symboliques, de ce personnage malfaisant fait l'objet de plusieurs ḥadit où il est parlé également de la persécution que le Deddjâl doit faire subir à l'humanité, avant que celle-ci n'entre dans l'ère de félicité mahdique, qui correspond à l'ère de félicité messianique des Juifs. « Le Deddjâl, a dit le Prophète, apparaîtra dans un moment où la foi sera mourante et la science presque éteinte (Cf. *Matth.*, xxiv, 12, 24). Il vivra quarante nuits, pendant lesquelles il parcourra la terre. De ces quarante nuits, il en est une qui durera autant qu'un an, une autre autant qu'un mois, une autre autant qu'une semaine, et le reste autant que des jours ordinaires (Cf. *Dan.*, vii, 25; *Apoc.*, xi, 2, xiii, 5). Il montera un âne dont la tête aura 40 brasses d'une oreille à l'autre. Il dira aux gens : « Je suis votre Dieu », et pourtant il sera borgne et votre Dieu n'est pas borgne. Entre les yeux il portera écrit : K F R, *mécréant*, et tous les croyants, lettrés ou non, liront ce mot. Il boira à toutes les sources, sauf à celle de la Mecque et de Médine que Dieu lui interdira et dont les anges garderont l'entrée. Il emportera avec lui des montagnes de pain et tous ceux qui n'auront pas embrassé son parti seront dans la misère. Il aura deux fleuves que je connais : l'un qu'il nommera fleuve du paradis, l'autre, fleuve d'enfer ; quiconque entrera dans le prétendu fleuve du paradis se trouvera en enfer

de la prière de l'aser. Le Messie trouvera le Mahdi

et inversement. Des démons l'accompagneront, prêchant les gens pour les induire en erreur (Cf. *Matth.*, XXIV, 11, 23, 24; *Marc*, XIII, 22; *Apoc.*, XIII, 11, 12). Il fera des miracles qui causeront de grandes perturbations dans les esprits (Cf. *Matth.*, ut sup.; II *Thess.*, II, 9). Il ordonnera au ciel de pleuvoir, et la pluie tombera; du moins il semblera ainsi; il tuera un homme et le ressuscitera; du moins il semblera ainsi. Alors il dira : « O hommes! ce que je fais peut-il être l'œuvre de tout autre que d'un Dieu? » Et les hommes s'enfuiront vers la montagne de la Fumée (djebel ed-Doukhan), en Syrie. Il viendra les y assiéger et il leur fera subir toutes sortes de rigueurs. Puis, Jésus descendra du ciel; il arrivera avant l'aube et dira aux assiégés : « O gens! que ne tentez-vous une sortie contre ce Deddjâl immonde! » Alors les hommes accourront et reconnaîtront Jésus et, en ce moment, le moueddin annoncera la prière et les hommes diront à Jésus : « Esprit de Dieu, sois notre imam ». Il répondra : « Non, que votre imam habituel s'avance et la fasse », et lorsqu'ils auront fait la prière du matin, ils feront la sortie. Dès que le Deddjâl apercevra Jésus, il deviendra comme le sel dans l'eau et Jésus le tuera, puis il mettra à mort tous ses adeptes... »

D'après d'autres traditions, le Deddjâl ne serait pas borgne, mais serait un monstre à tête de cyclope; Jésus, le lieutenant du Mahdi, doit le mettre à mort à la barrière du Lud près de Joppé. La plupart des ḥadit désignent plus particulièrement les Juifs comme devant former l'armée du Deddjâl. L'eschatologie chrétienne suppose aussi parfois que l'Antéchrist sortira du judaïsme (Cf. Sabatier, *L'Apôtre Paul*, p. 110).

A côté de ces récits traditionnels sur le Deddjâl rentrant dans l'eschatologie musulmane, il en existe quantité d'autres plus ou moins fabuleux qui semblent avoir été faits pour interpréter des récits de voyageurs plutôt que pour confirmer et préciser le dogme. On en trouvera dans *Les prairies d'or* de

debout prêt à faire la prière[1] qui aura été déjà annoncée (par le moueddin) et les musulmans rangés derrière lui prêts à la faire[2]. Le Mahdi s'adressant

Maçoudi, l'*Abrégé des merveilles* (traduction Carra de Vaux, Paris, 1889), *Les Mille et une nuits*. La plupart de ces récits figurent le Deddjâl comme un monstre marin, et c'est là encore une croyance ou plutôt une conjecture de l'eschatologie chrétienne qui représente l'Antéchrist comme « une bête sortie de la mer », *Apoc.*, xiii, 11, 12, 15. Ce monstre serait enchaîné dans l'île de Brataïl (Ceylan?) en attendant l'heure de sa venue. Ces derniers détails sont tirés d'une relation faite par un certain Temim ed-Dari. Maçoûdi (IV, 28) et l'auteur anonyme de l'*Abrégé des Merveilles* racontent que Mahomet les rapportait, en mentionnant toujours l'autorité de ce Temim ed-Dari. D'Herbelot (art. Dejjal et Temim de la *Bibliothèque orientale*) prétend, au contraire, que Temim tenait ces détails du Prophète. Nous n'avons pu vérifier la source de d'Herbelot et d'ailleurs les passages de Maçoudi et de l'*Abrégé des Merveilles* sont trop explicites pour comporter un contre-sens. Il n'en est pas moins très extraordinaire — et c'est peut-être un cas unique dans l'histoire du prophète musulman — que Mahomet n'ait pas entrevu le Deddjâl dans les surnaturelles clartés de ses visions et ait eu besoin de s'en référer sur ce sujet au témoignage d'un de ses disciples.

1. La prière de l'après-midi. Ce serait la prière de l'aurore d'après une autre *tradition*.

2. Pour bien comprendre ce passage, il faut se rappeler que la fonction la plus importante de l'islam est l'imamat. L'Imam, comme nous l'avons dit, V. p. 4, note 1, est celui qui préside à la prière, en se tenant devant les fidèles et c'est sur lui que ceux-ci règlent leur récitation et leurs prostrations. Ce fut Mahomet qui, durant sa vie, présida à la prière. Peu de temps avant sa mort, il se fit remplacer dans ce ministère par Abou Bekr, lui conférant par cette désignation l'unique dignité qui

au Messie, lui dira : « Passez devant, ô Prophète de Dieu, ô Esprit de Dieu, pour remplir les fonctions d'imam qui vous reviennent ». — Le Messie — sur lui soit le salut! — répondra au Mahdi : « Je n'en ferai rien; c'est comme devant être faite par vous que la prière a été annoncée. » Alors le Messie fera la prière comme un simple fidèle derrière un homme de la nation du prophète [1] — sur lui soit le salut ! — Et il jugera, d'après la loi de Mahomet, et il tuera l'Antéchrist.

Alors les chrétiens renieront le Messie qui les tuera; il tuera de même les Juifs, et si un Juif poursuivi se réfugie derrière un rocher lui-même criera au Messie : « O prophète de Dieu! voici un Juif caché derrière moi, tuez-le [2] ».

Tout ceci nous a été prédit par notre Prophète — sur lui salut et bénédiction ! — qui a ajouté :

existe dans l'islam. Le prophète musulman, dont la mission allait donner naissance à de si puissants empires, n'établit aucun pouvoir temporel, ne régla aucun ordre de succession et, voyant approcher sa fin, ne se préoccupa que d'une chose : désigner celui qui, à son défaut, présiderait à la prière.

1. Par cet acte le Messie adhérera à l'islam.

2. D'autres *traditions* rapportent que les peuples infidèles seront convertis à l'islamisme par l'intermédiaire de Jésus.

Il y aurait de nombreux rapprochements à établir entre les prédictions eschatologiques des religions juive, chrétienne et musulmane. Toutes les descriptions du grand drame final renferment un fonds commun de suppositions et de conjectures qui confinent à la mythologie. Les seules vérités imposées à la foi dans les trois religions sont la résurrection des corps et la venue d'un libérateur : le Christ, le Mahdi, le second Messie.

« J'en jure par celui qui tient en sa main la vie de Mahomet! Peut s'en faut, en vérité, que ce ne soit parmi vous-mêmes qui m'entendez[1] que ne descende le Messie en juge équitable pour briser la croix et tuer le pourceau. Il abolira la *djezia*, qui n'aura plus de raison d'être, puisqu'il ne tolérera plus d'autre religion que l'islam et il répandra les richesses avec une telle profusion que personne n'en voudra plus ; il sera compté au nombre des Compagnons de notre Prophète — sur lui le salut et la bénédiction!][2].

1. Tout ce que je viens de vous annoncer est tellement certain et tellement proche qu'il me semble que c'est parmi vous qui m'entendez, c'est-à-dire avant que votre génération ne finisse, que viendra le Messie. C'était également une opinion générale, au temps des apôtres du Christ que la fin du monde était proche et que la génération présente ne passerait pas, sans que ces choses n'arrivassent. « En vérité, je vous le dis : Il y en a quelques uns ici présents qui ne goûteront pas de la mort jusqu'à ce qu'ils voient le Fils de l'homme venant dans son royaume. » *Matth.*, XVI, 28. V. *Ibid.*, XXIV, 34.

Cette croyance à la venue prochaine du Messie et du Mahdi fut le point de départ de calculs et de combinaisons dans lesquels s'exerça la subtilité des premiers docteurs de l'islam. Quand les années succédant aux années eurent rendu vaines toutes les prédictions pour la date de la fin des temps, on inventa le jour *mohammédien* qui commençait à la mort du Prophète et durait mille ans. Ce fut l'origine du millénarisme musulman.

2. Voici le texte de ce ḥâdît, tel qu'il est rapporté par El-Boukhari :

Plusieurs princes et rois chrétiens ont bien su cela, lesquels Dieu a dirigés et leur a fait la grâce

قال رسول الله صلى الله عليه وسلم والذى نفسى بيده ليوشكن ان ينزل فيكم ابن مريم حكما عدلا فيكسر الصليب ويقتل الخنزير ويضع الجزية ويفيض المال حتى لا يقبله احد حتى تكون السجدة الواحدة خير من الدنيا وما فيها

On voit que Moulay Ismâïl a omis de citer le dernier membre de phrase : « jusqu'à ce qu'une seule génuflexion soit devenue préférable au monde et à tout ce qu'il renferme ». D'autre part, il a ajouté au texte : ولا يقبل الا الاسلام وهو معدود فى اصحاب نبينا. La première des phrases interpolées semble destinée à motiver l'abolition de la djezia et, dans la traduction, nous en avons interverti la place pour la rapprocher de celle dont elle était l'explication.

La djezia est le tribut payé par tête, la capitation à laquelle sont soumis les non-musulmans ; elle est comme la rançon de leurs fausses croyances. Quand les musulmans font la guerre, les nations vaincues par eux doivent choisir entre les trois conditions suivantes : embrasser l'islamisme; conserver leur religion en payant la djezia ; être combattues jusqu'à la mort.

A la fin du monde, la seconde de ces conditions disparaîtra ; les non-musulmans ne seront plus admis à payer la djezia pour conserver leur religion : ou bien ils se convertiront à l'islamisme, ou bien ils seront combattus à mort. C'est le Messie qui opérera cette innovation, mais, d'après le Coran, les gens des Écritures opteront pour la première condition et deviendront musulmans :

وَإِنْ مِنْ أَهْلِ ٱلْكِتَابِ إِلَّا لَيُؤْمِنَنَّ بِهِ قَبْلَ مَوْتِهِ وَيَوْمَ ٱلْقِيَامَةِ يَكُونُ عَلَيْهِمْ شَهِيدًا

« Il n'y aura pas un seul homme, parmi ceux qui ont eu foi dans les Écritures, qui ne croie en lui avant sa mort. Au jour de la résurrection il témoignera contre eux. » **IV, 157.**

de les persuader et de le suivre comme le Nedjachi, Roy des Abyssins, tellement qu'il a été mis au nombre des Compagnons de Mahomet[1]. Le Prophète avait prié Dieu pour lui et l'avait invité à embrasser la religion musulmane, tout de même qu'il invita aussi César (ou Héraclius) Roy des Roum, aïeul de ce Roi à la cour duquel vous résidez. Mahomet — sur qui le salut soit — ayant écrit à cet Empereur pour l'inviter à se faire musulman, il lut sa lettre et son invitation avec réflexion, car il possédait, ce grand Prince, toutes les sciences les plus profondes; puis il interrogea les Arabes de sa cour touchant les qualités de Mahomet, touchant ses affaires, ses mœurs et les choses auxquelles il invitait le peuple et touchant ce qu'il commandait et ce qu'il prohibait. Ensuite il dit : « Vraiment, c'est là le prophète attendu qui a été annoncé par Jésus et il régnera au lieu de mes aïeux[2] pendant deux cents ans ». Puis il tint conseil avec les principaux de son État et les chefs de sa secte tou-

1. Ce fut dans le dernier mois de la sixième année de l'hégire, que Mahomet envoya un messager en Abyssinie pour inviter le Négus à embrasser l'islamisme. Le Négus qui, au dire des historiens arabes, était déjà musulman de cœur, accueillit avec honneur le messager, baisa respectueusement la lettre du Prophète, et fit profession publique et formelle de la foi musulmane. CAUSSIN DE PERCEVAL, *loc. cit.*, t. III, p. 190, 191, 192.

2. و سيملك موضع قدميّ « et il régnera à ma propre place » (mot à mot : sur la place où posent mes pieds).

chant sa conversion ; ils firent du tumulte et se retirèrent comme des ânes sauvages. Il les encouragea et les consola et ce par l'intérêt de conserver la couronne. Et lorsque notre prophète eut appris cette nouvelle, il dit« : C'est l'intérêt du Royaume et de la couronne qui retient cet ambitieux, car la connaissance de la bonne religion est fortement gravée dans son cœur et il est persuadé de l'excellence de notre loi au dessus des autres, mais il ne peut se résoudre à risquer sa couronne [1] ».

1. L'ambassadeur envoyé vers le César (Ḳaiṣar), empereur des Grecs (Héraclius), par Mahomet ne partit que dans la septième année de l'hégire, après la victoire de Khaïbar. Le messager, porteur de la lettre du Prophète invitant ce prince à embrasser l'islamisme, s'appelait Dihya ben Holaïla et appartenait à la tribu des Benou Kelb. Héraclius, raconte Abou 'l Féda, fit à Dihya une réception honorable, plaça la lettre du Prophète sur un coussin et y fit une réponse gracieuse. *Vie de Mahomet*, p. 67. On ne voit pas que la mission de Dihya ait été suivie d'un autre résultat; le fait de placer la lettre de Mahomet sur un coussin ne peut être interprété comme la marque d'un grand respect, et il est probable qu'Héraclius étendu sur des coussins plaça, suivant l'usage oriental, entre deux d'entre eux la lettre que lui remettait Dihya. Les hésitations d'Héraclius sur le point de se convertir à l'islamisme, auxquelles fait allusion Moulay Ismâïl, sont rapportées par quelques historiens arabes. L'année qui suivit l'ambassade de Dihya (8e de l'hégire). Mahomet envoya une armée attaquer un prince ghassanide qui commandait, sous l'autorité d'Héraclius, aux Arabes de Syrie ; cette armée fut complètement battue à Mouta. Malgré la victoire de l'empereur grec, un de ses officiers, dit-on, qui était Arabe et s'appelait Farwa ben Amr,

Enfin, de quelque manière que la chose soit, il est certain que cette religion est la véritable, la

abandonna le christianisme et se fit musulman. Il fut arrêté par ordre d'Héraclius qui voulut d'abord le faire revenir au christianisme, en lui proposant le pardon et même son rétablissement dans son emploi. Farwa répondit superbement qu'Héraclius savait bien lui-même que Mahomet était le Prophète de Dieu et que la crainte de perdre son rang suprême l'empêchait seule de le reconnaître à la face de tout l'empire. La mort fut le prix de son opiniâtreté (Nowairi et Djennabi, *ap.* Caussin de Perceval). — Moulay Ismaïl, qui faisait d'Héraclius l'ancêtre de Louis XIV, avait la conviction que la lettre de Mahomet à cet empereur d'Orient était conservée avec le plus grand soin par les rois de France et que cette précieuse relique était la cause de toutes les prospérités de la monarchie française. « J'ai toujours cru, disait ce sultan en 1677 à un ambassadeur portugais, que le roi de France, dont j'estime la valeur, ne pouvait manquer d'avoir de grands avantages sur ses ennemis... recevant pour y parvenir des grâces particulières du Ciel, pour la vénération... qu'il porte à la lettre que notre grand Prophète écrivit à ses prédécesseurs, lorsqu'il vivait sur la terre, laquelle il tient enfermée dans un petit coffre d'or. » Mouëtte, *loc. cit.*, p. 238, 239. Une autre fois, en 1680, Moulay Ismaïl fit appeler le Père Jean de Jésus-Maria, trinitaire espagnol en résidence à Fez, et lui demanda « s'il voulait entreprendre un voyage en France pour venir demander au Roi une Lettre de Mahomet, qu'il croit qu'on conserve encore à Paris... et qu'il donnerait en échange tous les Français qui étaient dans ses États. Le Père s'excusa du voyage, sur les guerres qu'ils avaient avec nous, ce qui fit que le Roi n'insista pas davantage. » *Ibid.*, p. 284, 285. En 1699, Abdallah ben Aâïcha, l'ambassadeur de Moulay Ismâïl auprès de la cour de France, fit demander à Louis XIV comme une grâce particulière qu'il pût baiser et mettre sur sa tête cette fameuse lettre.

Hanyfyenne[1], celle que Dieu a élevée et dont il a établi Mahomet pour intendant et celle qu'il a rendue la plus excellente des Religions. Dieu a dit dans l'Alcoran, qui est le livre de nos lois[2], que *Dieu ne reconnait de Religion que le Musulmanisme et que quiconque en suivra une autre, il ne lui en sera point tenu de compte et il sera en l'autre vie au nombre des damnés*[3]. Ainsi celui qui fera une sérieuse réflexion, pensera de bonne foi et pèsera les religions à la balance de la justice et de la raison, il connaîtra que la Religion musulmane est la véritable religion et que toutes les autre ne sont que fadaises et badineries, depuis le jour que Dieu a envoyé notre Prophète après lequel il n'en veut plus envoyer d'autres, et c'est

Le roi lui répondit qu'il n'en avait jamais entendu parler, mais qu'il consentirait volontiers à la lui montrer, si on la trouvait dans sa bibliothèque. V. *Mercure galant* et *Gazette de France*, année 1699. THOMASSY, *loc. cit.*

1. La religion hanéfienne, c'est-à-dire la religion orthodoxe, celle d'Abraham, l'antique monothéisme dont il ne restait plus que quelques sectateurs en Arabie, au temps de Mahomet. CAUSSIN DE PERCEVAL, *loc. cit.*, t. I, 323-326 et t. III, 191.

2. فى محكم القران doit se traduire : dans les versets *positifs* du Coran. Les versets du Coran sont divisés, sous le rapport du sens, en deux catégories : 1° الايات المحكمات. *El Aïât el mouhakamât*, les versets à sens clair, positif et précis. 2° الايات المتشابهات. *El Aïât el moutachâbihât*, les versets dont la signification est douteuse, obscure, vague et qui, par conséquent, peuvent être l'objet de diverses interprétations.

3. *Coran*, III, 17, 79; XLVII, 1 et LXII, 7.

pour cela qu'il est appelé le sceau des prophètes [1]. Il sera persuadé que toutes les autres religions sont vaines ou superstitieuses et que leurs sectateurs seront damnés.

Un certain grand docteur d'entre les chrétiens voulut un jour connaître les différents sentiments des sectateurs des différentes religions pour juger de celle qui était la meilleure. Il fit attention à ce que professaient les musulmans, à ce que professaient les chrétiens et à ce que professeient les juifs, et il voulut s'informer d'eux par la voie du raisonnement. A cet effet il s'adressa à un chrétien et lui dit :

— Quelle est la meilleure des religions, la chrétienne, la juive ou la musulmane ?

— C'est celle des chrétiens, répondit le chrétien.

1. D'après une tradition rapportée par El Boukhari dans le chapitre qui traite du *sceau des prophètes*, Mahomet a dit : « Je suis à l'égard des prophètes, mes prédécesseurs, comme cette seule et dernière brique que l'homme bâtissant une maison n'a plus qu'à poser en place pour achever sa construction. » On désigne donc pas l'expression *sceau des prophètes* ou par celle de *la brique* le personnage qui a obtenu le don du prophétisme parfait. — De même qu'il y a une dernière brique qui complète l'édifice du prophétisme, il y a une dernière brique qui parachève l'édifice de la sainteté. — C'est avec cette acception symbolique que les soufis appellent parfois Mahomet *la brique d'or* tandis qu'ils désignent le Mahdi, le sceau des saints (khatem el ouâli), par l'expression : *la brique d'argent*. IBN KHALDOUN, *loc. cit.*, t. II, 193, 194.

— Et quelle est la meilleure de la juive ou de la musulmane ?

— C'est la musulmane, dit le chrétien.

Puis le docteur s'adressant à un juif :

— Quelle est, lui dit-il, la meilleure des trois religions, la musulmane, la chrétienne ou la juive ?

— C'est celle des juifs, répondit le juif.

— Et quelle est la meilleure, de la chrétienne ou de la musulmane ?

— C'est la musulmane.

Enfin le docteur s'adressa à un musulman.

— Quelle est, lui demanda-t-il, la meilleure des religions ?

— C'est celle des musulmans, répondit-il.

— Et laquelle des deux, ajouta le docteur, est la meilleure de la juive ou de la chrétienne ?

— Elles ne valent rien ni l'une ni l'autre, car la véritable et solide religion est celle des musulmans.

Par ce raisonnement, le docteur chrétien connut en son esprit que la religion musulmane était la véritable, que les juifs et les chrétiens n'étaient rien et que toutes les autres religions n'étaient que pure erreur. Cette vérité est bien marquée dans notre livre de l'Alcoran, lorsque Dieu dit ce qui suit : « *Les juifs ont dit que les chrétiens n'étaient pas dans la bonne voie quoiqu'ils lussent les livres divins; les uns et les autres sont dans l'erreur*[1] ».

1. « *Les juifs disent : les chrétiens ne s'appuient sur rien; les chrétiens disent : les juifs ne s'appuient sur rien et cependant*

Tout ce que dessus n'est que pour vous faire connaître une petite partie des versets de l'Alcoran, des conseils du Prophète et des arguments suivant la raison, conformes aux statuts de cette vraie religion et pour vous persuader que toutes les autres sont damnées. C'est pourquoi, si vous voulez faire une sérieuse réflexion, en éloignant toute prévention, et si vous préférez l'autre vie, à celle-ci, et si vous aimez mieux entrer en paradis qu'en enfer, voilà que je vous ai fait voir le moyen et que vous en savez le chemin. Croyez-moi, suivez cette religion qui est la véritable. Faites-en profession, en prononçant les deux témoignages à savoir qu'il n'y a point d'autre Dieu que Dieu et que Mahomet est son prophète; car celui qui les prononcera de cœur et de bouche entrera en paradis, quand il ne les aurait prononcés qu'une fois en sa vie, et il y entrera par l'intercession de Mahomet — sur qui soit le salut — parce que ce grand prophète a la commission de protéger les pécheurs, même les plus grands criminels qui ont encouru les menaces de Dieu les plus rigoureuses, de laquelle commission Dieu lui a donné le privilège dans l'assemblée qui se fit des âmes, au

les uns et les autres, ils lisent les Écritures, ceux qui ne connaissent rien tiennent un langage pareil. » *Coran*, II, 107. Comme nous l'avons dit, les musulmans reconnaissent la révélation de plusieurs de nos livres saints, mais ils nous accusent d'en avoir falsifié certains passages et de les interpréter généralement en faisant une exégèse d'appropriation.

commencement de la création du monde[1]. Je vous jure par ce grand Dieu que, si vous voulez croire

1. Contre-sens du traducteur : الموقف ne signifie pas « l'assemblée qui se fit des âmes au commencement du monde », mais le lieu où, à la fin du monde, au jour du jugement, le genre humain *se tiendra debout* devant Dieu ; ce mot s'applique par extension au jugement dernier ; il a pour synonyme المَحْشَر. Les hommes seront entassés sur le lieu du jugement ; ils s'y étageront les uns au-dessus des autres et leur nombre sera si grand « qu'un pied se trouvera au-dessus de mille autres pieds. » Le lieu du jugement deviendra de plus en plus étroit et la compression croissante sera un véritable supplice. Pour y échapper, les hommes intercéderont successivement auprès d'Adam, de Noé, d'Abraham et de Moïse, qui opposeront, chacun, une raison les empêchant d'être un médiateur efficace. Jésus lui-même, le Verbe et l'Esprit de Dieu, sera vainement imploré et répondra aux hommes : « On nous a pris comme dieux, moi et ma mère, à la place du Dieu Très-Haut ; comment oserais-je intercéder pour vous auprès de Celui à côté duquel on m'adore, dont on prétend que je suis le fils et qu'on nomme mon père ? » Et Jésus adressera les suppliants à Mahomet, au sceau des Prophètes. Et l'humanité implorera ainsi le Prophète arabe : « O Envoyé de Dieu, tu es le Bien-Aimé de Dieu, et le Bien-Aimé est le plus considéré des médiateurs. Intercède donc pour nous auprès du Dieu Très-Haut, car nous sommes allés vers notre père Adam et il nous a renvoyés auprès de Noé, nous sommes allés vers Noé et il nous a renvoyés auprès d'Abraham, nous sommes allés vers Abraham et il nous a renvoyés auprès de Moïse ; nous sommes allés vers Moïse et il nous a renvoyés auprès de Jésus ; nous sommes allés vers Jésus et il nous a renvoyés auprès de toi..... Après toi, il n'est plus personne à qui nous puissions présenter notre requête, personne auprès de qui nous puissions chercher un refuge. » Le Prophète s'écriera : « Je m'en

à cette Religion, Dieu vous fera la grâce d'arriver à cette félicité. Faites comme César (ou Héraclius) qui la croyait en son âme et en était persuadé et faites choix de cette foi tant au péril de votre vie que de vos biens ; je le demande à Dieu de tout mon cœur. C'est là l'affaire concernant la religion dont nous avons voulu vous avertir.

charge, j'y pourvoierai. » Cf. EL-GHAZALI, *Ad-Dourra al-Fâkhira*, traduction L. Gautier, 1878.

Ce privilège de l'intercession finale, qui a fait appeler quelquefois Mahomet صاحب الشفاعة, est mentionné dans le Coran. « *Quand viendra le jour où la terre sera changée en quelque chose qui n'est pas la terre* (XIV, 49), *ce jour où toute âme ne songera qu'à plaider pour elle-même* (XVI, 112), *ce jour-là, l'intercession de qui que ce soit ne pourra profiter, sauf l'intercession de celui à qui le Miséricordieux permettra de le faire et à qui il permettra de parler* » (XX, 107).

Les angoisses du dernier jour (εσχατη ημερα) et celles de la vie future (اهوال الاخرة) sont décrites par les auteurs musulmans avec des images terrifiantes rappelant celles de la liturgie catholique. Il existe des مَوَاعِيظ الخوف *Maouâid el khouf* (sentences et aussi sermons destinés à inspirer aux croyants une salutaire frayeur) qui semblent une traduction de la fameuse prose *Dies iræ*. On y retrouve la terreur de l'âme cherchant un intercesseur : *Quem patronum rogaturus*, la présentation du livre : *Liber scriptus proferetur*, le dévoilement des actions secrètes : *Quidquid latet apparebit*, etc. Voici, à titre d'exemple, un de ces maouâid extrait du livre intitulé كتاب المجلس في الاربعين النووية

تذكر يوم تأتي الله فردا * وقد نصبت موازين القضاء
وهتك الستور على المعاصي * وجاء الذنب منكشف الغطاء

« Songe au jour où tu paraîtras seul devant Dieu, où sera

A l'égard de l'affaire qui regarde la politique[1], c'est que, si vous voulez rester dans votre religion infidèle, il est certain que celle de votre nation anglaise est plus légère et plus commode pour vous que l'adoration de la Croix et l'obéissance à ceux qui donnent un fils à Dieu et dont les moines se moquent[2]. Quel avantage trouvez-vous à vous être retiré de votre patrie, éloigné de votre peuple et de vos sujets et sorti de la religion de vos pères et aïeux pour embrasser une religion autre que celle de votre peuple? Et quoiqu'en général toutes vos sectes soient un tissu d'erreurs et de fourvoiement, cependant votre véritable secte à vous est celle d'Henric[3] qui est plus raisonnable que les autres qui sont embourbées dans l'infidélité[4]. Il

dressée la balance des actions, où sera déchiré le voile qui couvre les fautes, où le mal apparaîtra dégagé de tout voile. »

1. Pour cette seconde partie de la lettre, il sera intéressant de se reporter au récit de la révolution d'Angleterre rédigé par un ambassadeur marocain. V. ci-après *Appendice* p. 105. Si l'on ne peut prouver que ce récit a été communiqué tel quel à Moulay Ismaïl, on peut affirmer que les événements politiques de l'Angleterre lui ont été présentés de cette manière.

2. Contre-sens du traducteur. Le texte porte وينزعون عند رهبانهم Il faut traduire : « ceux qui donnent un fils à Dieu, *alors qu'ils en refusent à leurs moines* ». La pensée complète est celle-ci : ils prétendent que le célibat est pour leurs moines un état plus parfait que le mariage; ils sont donc inconséquents, puisqu'ils refusent cette perfection à la divinité en lui attribuant un fils.

3. Le roi Henri VIII.

4. Les musulmans mettent le protestantisme au-dessus du

n'y a pas jusqu'à la reine, votre épouse, qui est Française qui vous a porté à embrasser sa religion et vous vous êtes séparé des autres pour suivre son parti[1]. Et pourquoi faut-il que vous restiez chez les Français, abandonnant votre peuple et le royaume de votre père et de votre frère à un autre et que vous souffriez qu'un Hollandais se soit impatronisé de votre couronne pendant votre vie?

catholicisme auquel ils reprochent l'adoration des images et le culte des saints. V. la traduction de la lettre de Moulay Ismâïl à Jacques II écrite en espagnol, p. 98 et ss. En 1680, Charles II ayant écrit à Moulay Ismâïl pour lui annoncer l'envoi d'un ambassadeur chargé de négocier la paix (l'occupation de Tanger par les Anglais était une cause continuelle d'hostilités), le sultan consulta les principaux de sa cour sur la question de savoir si, sans contrevenir aux lois du Coran, il pouvait faire un traité de paix avec les Anglais. Ahmar Kheddou, le gouverneur de Ksar el-Kebir se prononça pour l'affirmative et entre autres motifs, il mit en avant « que la Religion Protestante que les Anglais professaient, les rendait beaucoup approchans de la leur, qu'ils n'adoraient qu'un Dieu et quoiqu'ils crussent au Christ comme à son Fils, que toutefois ils n'avaient dans leurs temples ni Croix ni Images ni autres œuvres faites de main d'homme pour les adorer, comme faisaient les autres Chrétiens ». Moüette, *loc. cit.*, p. 510, 511.

1. On a vu plus haut p. 36 que Jacques II avait épousé en secondes noces en 1673 une princesse catholique, Marie-Béatrice de Modène. Elle était petite-nièce de Mazarin, et Louis XIV avait été l'instigateur de ce mariage; c'est probablement pour ces raisons que Moulay Ismâïl en fait une Française. Le texte arabe porte ها انت لان اجترفت معها ce qui doit être traduit : « et vous voici maintenant séparé d'elle. » C'était d'ailleurs une inexactitude.

Par le grand Dieu! je ne puis souffrir que votre maison et votre royaume soient en la puissance et sous le gouvernement d'un Hollandais ni d'aucun autre. Il vaut mieux que vous abandonniez ce qui vous a ci-devant mis en différend avec votrepeuple, car vos sujets croient que c'est une obligation de leur conscience de vous renier, à cause de la religion dans laquelle vous leur êtes contraire. Demandez-leur excuse, accablez-les d'honnêtetés afin de les faire revenir. Oui, par Dieu je le jure! si nous n'étions pas gens arabes, barbares non stylés à l'art maritime, ou bien si nous avions quelqu'un chez nous qui fût habile en cet art et à qui nous puissions confier des troupes et les lui donner à commander, j'écrirais aux Anglais et je vous enverrais des troupes avec lesquelles vous feriez descente en Angleterre, vous rentreriez dans vos biens et remonteriez sur votre trône.

Mais il y a un obstacle que je veux vous faire savoir, c'est qu'il faudrait que vous délogeassiez d'où vous êtes et que, quittant le pays des Français, vous vous rendissiez à Lisbonne, pays de Portugal. Voilà que la Reine, épouse de feu votre frère, la Portugaise[1], est à présent en ce pays là, quoiqu'elle eût voix et autorité en votre Parlement. Si vous étiez là, il y aurait moins de dis-

1. Catherine de Bragance, femme de Charles II. C'était cette princesse qui avait apporté en dot à l'Angleterre la ville de Tanger. Elle se retira en Portugal en mars 1692 et y mourut le 31 décembre 1705.

tance et de difficulté entre vous et votre peuple ; il vous serait bien plus facile d'entrer avec lui en conférence et en ajustement. Mais il faudrait que cela se fît en telle manière que les Français n'eussent aucun avis de ce que vous feriez, car, s'ils s'apercevaient que vous eussiez ce dessein et intention, ils ne vous laisseraient pas aller et ils vous arrêteraient pour deux raisons : la première, parce qu'ils ne voudraient pas que vous abandonnassiez leur religion pour reprendre celle de votre nation, l'autre est qu'ils craindraient que, retournant avec votre peuple, vous devinssiez leur ennemi et leur fissiez la guerre, et principalement après avoir eu connaissance d'eux et de l'excellence de leur pays, car les Rois redoutent toujours ces sortes de choses[1].

Voilà donc que nous vous avons donné conseil et nous vous avons remontré ce qui convient de faire tant au sujet de votre religion que de votre

1. Louis XIV orientait sa politique en prévision de la succession de Charles II et Moulay Ismâîl prenait ombrage de notre rapprochement de l'Espagne, l'ennemie héréditaire du Maroc. La guerre de la Succession d'Espagne et plus tard la politique du Pacte de Famille nous firent perdre une situation prépondérante au Maroc. Le principal moyen employé par la diplomatie anglaise pour entretenir la défiance des sultans chérifiens à notre endroit était de représenter l'union parfaite qui règnait entre les cabinets de Versailles et de Madrid.

On lit plutôt خرة que حزة sur le texte original, d'après la position du point diacritique, ce qui d'ailleurs influe peu sur le sens.

politique. Je vous conjure de ne pas mépriser la direction ni le bon conseil.

Nous avons aussi appris que vous avez dessein de passer à Rome, mais donnez-vous bien de garde de prendre cette résolution, car, si vous y entrez une fois, vous vous y habituerez et vous ne voudrez plus en sortir, ni ne pourrez après elle rentrer en votre Royaume.

En un mot, et de quelque manière que la chose se passe, si vous vous accommodez avec votre peuple et si vous rentrez en votre religion, nous renouvellerons avec vous les traités que nous avions avec votre frère. En vérité, notre officier qui était ambassadeur à sa Cour[1], ne cesse de nous faire le récit de ses honnêtetés et de ses bontés; c'est ce qui m'a porté à vous écrire pour vous donner conseil, désirant qu'il y ait entre nous deux une bonne amitié et correspondance de lettres qui puisse vous être utile en quelque état que vous soyez, s'il plaît à Dieu, et le salut à celui qui suit les voies de la direction[2].

Écrit le 15 de la lune de Chaban, l'an de l'hégire 1109 (c'est-à-dire le 25 février, l'an de grâce 1698)[3].

1. Abdallah ben Aâïcha. V. p. 46 et ss.

2. Comme on le voit, la lettre de Moulay Ismâïl se termine par la formule du salut négatif. V. p. 59, note 1.

3. L'interprète a ajouté : « Traduit de l'arabe en français par Pétis de la Croix, secrétaire interprète du Roy, ce 11 juin 1698 ».

Lettre de Moulay Ismaïl à Jacques II

écrite en espagnol[1]

Ainsi que nous l'avons dit[2], il existe dans les Archives des Affaires Etrangères une seconde lettre de Moulay Ismaïl à Jacques II écrite en espagnol et portant la même date. Cette lettre est accompagnée de sa traduction en français que nous donnons ci-après. L'original est écrit sur le recto d'une feuille de papier de même format que celui de la lettre arabe.

En tête de la feuille se lit la formule :

« Au nom d'un seul Dieu tout Puissant ». Au dessous de cette formule est apposé le grand cachet ou plutôt le chiffre arabe de Moulay Ismaïl ; puis le texte suit en ces termes :

A Jacques, Roi d'Angleterre, que Dieu garde ! Le grand nombre d'honnêtetés que votre frère — que Dieu aye — a eues pour mon ambassadeur et la bonne correspondance que nous avons eue ensemble, tant au sujet de Tanger que d'autres affaires qui ont été entre lui et moi, m'ont porté à vous écrire cette lettre par laquelle j'ai deux

1. V. planche II la reproduction de l'original par la photogravure.

2. V. p. 2, note 1.

choses à vous faire savoir; l'une est spirituelle et l'autre temporelle.

A l'égard de la spirituelle, je ne crois pas que vous ignoriez qu'il n'y a qu'un seul Dieu et que Jésus-Christ est l'âme de Dieu et fait de son ouvrage comme nous sommes; que ce Dieu est tout puissant et qu'il n'a point de compagnon dans son Royaume. Et, si vous aviez perdu le vôtre pour une chose aussi juste que celle-là, vous auriez été plus agréable aux yeux de Dieu que de le perdre pour adorer des images. Erreur si grande que je ne puis m'imaginer qu'elle puisse exister dans votre jugement, sachant que Dieu a dit : Maudit soit l'homme qui adore les Idoles [1]. Et je suis dans le dernier étonnement que vous ayez abandonné la loi de vos pères pour en prendre une pire et non pas pour en prendre une meilleure. Cela m'a porté à vous écrire, poussé de compassion pour que vous preniez une meilleure loi. Et, afin que vous jouissiez du temporel aussi bien que du spirituel, je vous conseille de passer en Portugal; vous serez plus proche des occasions de demander pardon à votre Royaume de votre faute, car jamais votre peuple et vos sujets ne trouveront un si bon Roi que vous, ni vous ne trouverez jamais un si bon

1. « *La plupart* [*des hommes*] *ne croient point en Dieu, sans mêler à son culte celui des idoles* [le culte des images et aussi des saints]. *Sont-ils donc sûrs que le châtiment de Dieu ne les enveloppe pas ..* » *Coran*, XII, 106, 107. V. *Ibid.*, XIV, 35; XVIII, 102; XVII, 59; IV, 54, 55. V. 65.

peuple. A mon égard, si j'avais sur mer une puissance assez forte, je vous secourrais de bon cœur et je ferais tout au monde ce qui dépendrait de moi comme vous le verriez. De plus le Roi de Portugal ayant été votre beau père[1], il n'y a point de doute qu'il ne vous reçût à bras ouverts, suivant l'exigence de votre rang jusqu'à ce que vos [ou *nos*] accommodements fussent achevés. Certes, si vous retournez en votre Royaume, comme j'en prie le Seigneur, nous aurons ensemble une paix générale tellement que vos vaisseaux pourront venir à nos ports en toute sûreté et sans aucun risque et les nôtres aux vôtres. Et il y aura entre nous une fraternité réciproque sans aucune sorte de tromperie, ni par autre motif que de faire connaître que je ne suis pas ingrat des honnêtetés que votre frère m'a faites.

Recevez donc celles-ci comme une marque du chagrin que je ressens de votre malheur, désirant avec plus d'estime que qui que ce soit que vous retourniez à votre premier état.

Ecrit le 26 février 1109, c'est-à-dire 1698.

1. Moulay Ismâïl commet une double erreur. Le roi de Portugal, Jean IV, père de l'infante Catherine, était mort en 1656. Il était beau-père de Charles II et non de Jacques II.

APPENDICE I

La Révolution d'Angleterre et la fuite de Jacques II en France. Récit d'un ambassadeur marocain qui se trouvait en Espagne en 1690-1691[1].

Le roi des Anglais [Charles II] était mort pendant que les chrétiens se faisaient la guerre ; il ne

1. Ce récit est extrait d'une relation de voyage écrite en arabe et traduite par M. H. Sauvaire sous le titre : *Voyage en Espagne d'un ambassadeur marocain* (1690-1691), Paris, 1884, in-8. On lit en tête de l'ouvrage cet avertissement du traducteur : « La traduction qui suit a été faite en partie sur le manuscrit de la Bibliothèque Nationale de Madrid coté Gg. 192, et en partie sur un manuscrit appartenant à M. de Gayangos, et qui parait n'être qu'une copie du premier. Le manuscrit de la Bibliothèque est porté au catalogue avec cette mention : *Viaje a España de un Embajador enviado por Muley Ismael a Carlos II, y observaciones que hace en todo lo que vió. Viaje hecho por los años 1680 a 1682.* La mort du pape Alexandre VIII et la prise de Mons par les Français, pour ne citer que ces deux événements relatés par l'ambassadeur marocain, prouvent qu'il se trouvait en Espagne en l'année 1691. Il dut s'embarquer à Ceuta avant la fin de 1690. Son nom nous est inconnu. »
La marquise Campana de Cavelli (V. p. 33, note 1) avait déjà

laissait pas d'enfant pour régner après lui sur son peuple, mais un frère appelé Jacques.

Ce Jacques et sa femme étaient attachés en secret à la religion chrétienne [catholique], sans que personne de leur nation en eût connaissance.

Lorsque son frère mourut, l'ordre de succession le désignant, il fallait nécessairement l'investir du pouvoir royal et le mettre sur le trône à la place de son frère. Les Anglais l'invitèrent donc à régner sur eux.

en 1871 donné une traduction de ce récit dans son recueil de documents inédits relatifs à Jacques II, t. II, p. 414, Doc. DCXCII. Elle fournit sur la provenance de cette pièce les renseignements suivants :

« Le document dont il s'agit est la traduction partielle d'un récit écrit en arabe par un envoyé de l'empereur de Maroc à la cour d'Espagne en 1690-91. Ce diplomate avait, paraît-il, séjourné à Paris pendant le règne et lors de la chute du Roi Jacques; il voulut raconter ces événements qui l'avaient particulièrement frappé. On ignore son nom et l'on ne sait rien de lui, sinon qu'il était en faveur à la cour d'Espagne.

« Nous devons la communication de cette pièce curieuse et amusante trouvée dans une bibliothèque privée à Lisbonne, à l'obligeance de lord Stanley d'Alderley.

« Ce document marocassin [*sic*], œuvre d'un esprit juste et sensé, malgré l'ignorance et les inexactitudes qu'on y aperçoit, a une couleur et une originalité qui ne peuvent manquer d'intéresser le lecteur. »

Nous n'avons pas consulté les divers textes arabes de la relation de l'ambassadeur marocain; mais nous pensons, à en juger par les traductions de cet extrait, que le manuscrit de lord Stanley d'Alderley est identique à ceux que Sauvaire a eus entre les mains.

Or il s'en défendit et refusa : c'était de sa part un artifice et une ruse. En effet, une fois qu'ils l'eurent pressé et qu'il vit leur impossibilité de placer un autre que lui sur le trône, puisqu'il était le seul héritier, il leur dit : « Je n'accepterai votre demande et ne répondrai à vos instances qu'autant que vous accomplirez un de mes désirs, qui ne peut vous causer préjudice : il consiste en ce que chacun suivra la religion qu'il préfère. »

Ils acceptèrent sa demande et accédèrent à ses désirs, le couronnèrent et l'assirent sur le trône.

Mais à peine eut-il pris les rênes du gouvernement que lui et sa femme suspendirent des croix à leurs vêtements, firent paraître un moine chrétien[1] qu'ils avaient auprès d'eux et, entrant dans l'église, célébrèrent la prière des chrétiens [catholiques].

Leur exemple fut suivi par les personnes de l'entourage du roi qui connaissaient ses intentions Jacques voulut aussi pousser ses sujets à adopter la religion qu'il pratiquait.

Quand les Anglais virent que leur roi professait une doctrine différente de la leur et suivait la religion des *gens de la croix,* ils eurent peur que cette maladie ne gagnât les masses et qu'il ne leur fût plus possible d'arrêter le mal. Ils reprochèrent alors au roi d'avoir embrassé cette religion et, réunis en assemblée, ils décidèrent de le tuer.

1. Le père Pètre, jésuite, confesseur et conseiller de Jacques II.

Ayant eu connaissance de leur projet, il s'enfuit avec la reine auprès du roi de France et implora sa protection.

Le roi de France résolut de le secourir et de le protéger, par haine des Anglais et en dépit d'eux.

Ils lui adressèrent des réclamations, et des correspondances furent échangées qui se terminèrent par ces paroles du roi de France : « Vous êtes tous des ennemis pour moi comme les autres chrétiens [1]. Préparez-vous donc à me combattre jusqu'à ce que je rende, malgré vous, à son palais et à son royaume, le prince qui s'est réfugié auprès de moi. »

En présence de ces événements, c'est-à-dire du départ de leur roi et de la guerre qui éclatait entre eux et les Français, les Anglais se donnèrent pour roi le prince d'Orange, stathouder de Hollande; car les deux peuples suivaient une même religion, vu que la même dissidence les séparait des catholiques. Le prince prit les rênes du gouvernemnt et ils lui donnèrent le titre de roi. Ils décidèrent de faire la guerre à la France sur terre et sur mer.

1. C'est-à-dire : les princes catholiques et protestants faisant partie de la ligue contre Louis XIV. Note de la Marquise Campana.

APPENDICE II

Letter from the king of Morocco to the king of England[1].

When those our letters shall be happy to come to your Majestie's sight, I wish the spirritt of the righteous God may soe direct the powers of your mynde, that you may joyfullie embrace the message[2] I send, presentinge unto you the meanes of exaltinge the Majesty of God, and your owne renowne amonge men. The royall powers allotted to our charge, make us coṁon servants to

1. British Museum. *Harleian Manuscripts.* 2104, f° 291. Cette lettre se trouve également dans la collection *Lansdowne* (vol. 93, n° 64, f° 152) ; elle est intitulée : *Copy of the king of Morocco's letter to the king of England, arrived in oct.* 1637. Les différences que présentent les deux manuscrits sont insignifiantes; elles seront indiquées comme suit : les mots du manuscrit H (Harleian) qui ne figurent pas dans le manuscrit L. (Lansdowne) seront écrits en italiques. Les autres variantes figureront en note précédées de la lettre L. Quand elles porteront sur des mots ajoutés dans le manuscrit L ces mots seront écrits en italiques.

2. L. : messages.

our creator, then of those whom wee governe, the people, soe that[1], observinge the dutie we owe to our God, we deliver blessinge to the world and in providinge for the publicke good of our states, we magnifie the honour of God. Like the celestiall bodies, that, though they have much veneration[2], serve onely to benefitt the world. It is the excellency of our offices[3] to be instruments[4] of greate happiness to the world Pardon me, this is not to instructe *you* I knowe I speak to one of a clearer and quicker sight than myselfe, but[5] speake this, because God hath pleased to grant mee happie victory over some part of[6] collious[7] pirates that have soe long molested the peacefull trade of Europe, and hath presented further occasion to root out the generation[8] of those that have been soe pernitious to the good of our nations, I meane that since it hath pleased God to bee soe auspitious to our beginninge in the conquest of Sallie, wee might joyne and proceed with hope of like[9] successe in warr against Tunis Argiers and other places dennes and recep-

1. L. sometime.
2. L. *yet.*
3. L. offic[illegible] the.
4. L. whe[illegible] by great happinesses are delivered to the nations.
5. L. I.
6. L. *those.*
7. L. rebellions.
8. L. generations.
9. L. the.

tacles for the inhumayne villaynes of those that abhor rule and government herein whillst we extirpate the corrupcon of malignant spirritts of the world, wee shall glorifie the great[1] God and performe a duty that will shine as glorious as the sun or Moone which all the earth may see and reverence A worke which shall ascend sweete as the perfume of[2] most pretious odours in the nostrills of God[3] A worke gratefull and happie to men A worke whose memory shall remayne as[4] long as there shall bee any that delight to read the actions of heroicke magnanimous spirritts that shall last as longe as there bee any remaininge amongst men that love and honour the piety and virtue of noble mynde[5]. This Action[6] I[7] here willinglie present to you, whose pious virtues are equall to the dignitie of your[8] power that wee who are both servants of the greate and mightie God may hand in hand tryumph in the glory this action *now* presents to us. Now because the Llands[9] you governe have ever been[10] famous

1. L. greatest.
2. L. *the*.
3. L. the Lord.
4. L. Be reverenced so.
5. L. minds.
6. L. occasion.
7. L. *do*.
8. L. the.
9. L. *which*.
10. L. being ever.

for the unconquered strength of *there* shippinge I have sent these my trustie servants and ambassadors to knowe whether in your Princely wissedome you shall thinke fitt to assist mee with such fforces by sea as shall bee answerable to those I provide by land which if you please to grant I doubt not but the Lord of Host will protect and assist those that fight in soe glorious a cause nor ought you to thinke this strange that I soe much reverencing[1] the peace and accord of nations shold first exhort a warr your great prophett Jesus Christ[2] was the Lyon of the tribe of Juda as well as the Lord *and* giver of peace which may signifie unto you that hee who is a lover and maynteyner of peace must alwaies appeare in[3] the terror of his sword and wadeinge through seas of blood must arrive to tranquillity this made James your ffather of glorious memory soe happie[4] renowned amonge all nations[5] It was the noble fame of your princely virtue which resound[6] even to[7] the uttmost corners of the Earth that persuaded mee to invite you to pertake of that blessinge wherein I boast myselfe most happie I wish God may heape the riches of his

1. L. who much reverence.
2. L. Christ Jesus.
3. L. with.
4. L. happily.
5. L. occasions.
6. L. resoundeth.
7. L. unto.

grace[1] on you[2]; Increase your happiness with your daies and hereafter perpetuate your name in all ages.

TRADUCTION

Lettre du roi de Maroc au roi d'Angleterre[3].

Lorsque nos présentes lettres auront le bonheur de parvenir aux regards de Votre Majesté, je souhaite que l'Esprit de Dieu Juste puisse éclairer et diriger les facultés de votre intelligence, afin que vous receviez avec joie le message que je vous envoie et qui vous offre les moyens de glorifier la majesté de Dieu et d'étendre votre gloire et votre renommée parmi les hommes.

1. L. blessing.
2. L. your.
3. Les Moriscos chassés d'Espagne et réfugiés au Maroc, où ils étaient connus sous le nom de *Andalos*, avaient fondé à Salé une république de pirates. Le chérif Moulay Zidan (1608-1628) entreprit de les réduire et il envoya une ambassade à Charles Ier d'Angleterre pour solliciter son appui. Le fameux aventurier John Giffard prit le commandement des troupes auxiliaires qui concoururent à l'extermination des pirates salé-

Les pouvoirs dévolus à notre charge nous rendent tous les deux serviteurs non seulement de notre Créateur, mais encore de ceux que nous gouvernons c'est-à-dire de nos peuples. Il en résulte que c'est rendre à Dieu nos devoirs et nos hommages que de procurer des bienfaits à nos sujets et d'assurer le bien public dans nos Etats et, en faisant ainsi, nous exaltons la gloire de Dieu. Nous sommes comparables à ces corps célestes qui, bien qu'ils soient entourés de vénération, n'ont été créés que pour faire le bien de l'humanité[1].

tins, Zidan reconnaissant fit présent à Charles Ier de trois cents esclaves chrétiens. En 1637, l'amiral anglais Rainsborough vint à Salé réclamer des navires de sa nation et la liberté des esclaves chrétiens. Il profita de la discorde qui divisait Rbat et Salé, prit parti pour le marabout Sidi el-Ayachi, maître de Salé, et débarqua des canonniers qui aidèrent à la réduction de Rbat. La fraction de Rbatins qui tenait dans cette place, n'accepta toutefois les conditions de Rainsborough que sur l'ordre du chérif Moulay el-Oualid dont la suzeraineté fut momentanément rétablie sur la République. C'est cet événement transformé par Moulay el-Oualid en un succès de ses armes qui ferait l'objet de la présente lettre, si l'on se réfère à la date de 1637 inscrite dans le Ms. L. L'original arabe de cette lettre n'existe pas dans les documents du Foreign Office. *Maroc. Modern Royal Letters. Second series* 1564-1737.

1. Le sens de la phrase n'est pas très clair et cette obscurité doit provenir du texte arabe encore plus que de la traduction anglaise. Nous proposons le sens suivant : « Les corps célestes, quels que soient leur éclat et leur splendeur, n'existent que pour concourir au bonheur de l'humanité ; il en est ainsi des rois et, quels que soient le respect et la vénération dont ils

Ce qui fait l'excellence de nos fonctions, c'est que nous sommes les instruments des grands événements qui se produisent dans le monde. Pardonnez-moi ces discours; ils ne sont point destinés à vous instruire. Je sais que je m'adresse à quelqu'un dont la vue est plus claire et plus rapide que la mienne; mais si je dis ceci, c'est qu'il a plu à Dieu de m'accorder d'heureuses victoires sur des troupes de pirates rebelles qui pendant longtemps ont été un sérieux obstacle au commerce pacifique des gens d'Europe. Je dis tout cela parce que le Seigneur m'a fourni, en outre, l'occasion favorable de déraciner en quelque sorte et de faire disparaître de la face de la terre la génération de ces hommes si nuisibles à la prospérité de nos nations.

Depuis qu'il a plu à Dieu d'accorder un si plein succès à notre entreprise dans la conquête de Salé, il m'est venu à l'esprit de vous proposer alliance pour entreprendre, dans l'espoir d'arriver à un succès aussi complet, une guerre contre Tunis, Alger et autres villes qui forment en quelque sorte des antres et des refuges pour les monstres inhumains qui refusent d'accepter une loi et un gouvernement.

Et ainsi, en faisant disparaître de la face du

sont entourés, ils ne doivent être que les bienfaiteurs de l'humanité. Faut-il ajouter que ce sont là de fort belles pensées, mais que, dans la pratique, Moulay el-Oualid comme ses successeurs, ont donné à cette conception de la souveraineté le plus constant et le plus éclatant démenti.

monde la corruption des esprits malfaisants, nous glorifierons le Dieu Très Grand et nous accomplirons un grand exploit qui brillera avec autant d'éclat que le soleil et la lune, éclat que toute la terre reconnaît et admire. Nous ferons ainsi une œuvre dont le parfum aussi doux que celui des odeurs les plus précieuses montera vers Dieu et réjouira son cœur [ses narines]. Nous accomplirons une œuvre digne de la reconnaissance des hommes dont elle assurera le bonheur, une œuvre dont la mémoire durera aussi longtemps que sur la terre quelqu'un trouvera plaisir à lire les actes des héros et des esprits magnanimes, une œuvre dont la mémoire demeurera toujours parmi les hommes qui aiment et honorent la piété et la vertu des nobles esprits. C'est cette entreprise que je viens vous proposer avec confiance, attendu que je sais que vos pieuses vertus sont dignes de l'élévation de votre pouvoir. Je vous la propose afin que nous deux serviteurs du Dieu-Grand et Puissant, puissions, la main dans la main triompher dans la gloire que son exécution doit nous assurer. Ainsi donc, attendu que le pays que vous gouvernez a toujours été célèbre pour la force indomptable de sa marine, j'ai envoyé mes fidèles serviteurs et ambassadeurs pour s'informer si dans votre sagesse royale vous jugerez à propos de nous assister sur mer avec des forces correspondantes à celles que je prépare sur le continent.

Si, comme j'en suis assuré, vous nous accordez cette demande, je suis certain que le Seigneur des

Armées protégera et assistera ceux qui combattent pour une si glorieuse cause. Vous ne devez pas trouver étrange que si plein d'amour pour la paix et l'union des peuples j'exhorte le premier à la guerre. Votre grand prophète Jésus-Christ était le lion de la tribu de Juda aussi bien que le seigneur et le restaurateur de la paix, ce qui veut dire que celui qui aime la paix et a le désir de la maintenir doit toujours apparaître terrible avec son épée et doit marcher à travers des flots de sang, avant d'obtenir la tranquillité. C'est ce que fit Jacques, votre père de glorieuse mémoire, renommé comme heureux parmi les nations. Telle est aussi la renommée de votre famille et elle s'est répandue jusqu'aux plus lointaines extrémités de la terre. C'est elle qui m'a poussé à vous inviter à partager cette heureuse entreprise, qui me rend très heureux je puis m'en vanter. Je souhaite que Dieu accumule ses bienfaits sur votre tête, augmente votre bonheur avec vos actions et perpétue après votre mort votre souvenir dans tous les siècles.

INDEX ALPHABÉTIQUE

DES NOMS DE PERSONNES

Aâïcha, p. 58.
Aaron, p. 75.
Abdallah ben Aâïcha, voy. Ben Aâïcha.
Abd er-Rezzak, p. 74.
Abd es-Selam (Moulay), pp. 63, 64.
Abou Abdallah Mohammed el-Djezouli, p. 13.
Abou Bekr, p. 83.
Abou el-Abbas Ahmed el-Mansour, p. 29.
Abraham, pp. 70, 94.
Adam, pp. 32, 70, 75, 94.
Adonibezec, p. 19.
Agag, p. 19.
Ahmar Kheddou, p. 97.
Ahmed, p. 72.
Albany (comte d'), voy. Saint-George (chevalier de).
Alexandre VIII, pape, p. 105.
Alexandre le Grand, p. 70.
Ali, p. 57.
Amran, pp. 72, 75.
Anne, reine d'Angleterre, pp. 37, 40.
Antéchrist, pp. 71, 77, 78, 80, 82.
Archy (Moulay), voy. Er-Rechid.
Aubigné (Agrippa d'), p. 8.

Barillon, pp. 39, 40.
Bausset (Bernard), p. 2.
Beaumier, p. 54.
Beauvilliers (duc de), p. 46.
Beechers Stove (Mrs), p. 15.
Ben Aâïcha (Abdallah), pp. 48-52, 64, 89, 100.
Berwick, p. 47.
Bethsabee, p. 13.
Blois (Mlle de), p. 47.
Bourgogne (duc de), p. 46.
Bourgogne (duchesse de), p. 46.
Braithwaite, pp. 65, 66, 67.
Brooks (Francis), p. 11.
Budgett Meakin, pp. 11, 24, 30.
Busnot, pp. 8, 12, 18, 20, 21, 23, 25, 26, 31.

Cambridge (duc de), pp. 39, 40.
Campana de Cavelli (marquise de), pp. 35, 38, 39, 40, 105, 108.
Carra de Vaux, p. 83.
Castellanos (Fr. M. P.), pp. 11, 23, 24, 65, 67, 68.
Castelmaine (comte de), p. 39.
Catherine de Bragance, reine d'Angleterre, pp. 6, 64, 98, 103.
Caussin de Perceval, pp. 58, 87, 89, 90.
César, voy. Héraclius.
Charant (A.), p. 29.
Charlemagne, p. 59.
Charles I, roi d'Angleterre, pp. 42, 62, 114.
Charles II, roi d'Angleterre, pp. 36, 37, 38, 39, 49, 62, 64, 65, 97, 98, 103, 105.
Charles II, roi d'Espagne, pp. 61, 99.
Chartres (duc de), p. 46.
Chaulnes (M. de), p. 45.
Chénier (L. Sauveur de), pp. 12, 24, 60, 68.
Choaïb, p. 70.
Christ (le), voy. Jésus.
Churchill (Arabella), p. 47.
Clarendon, voy. Hyde.
Condé (Mlle de), p. 46.
Conti (prince de), p. 38.
Conti (princesse de), pp. 26, 27, 52.

Dan (le P.), p. 23.
Danemark (prince de), voy. Georges.
Danemark (princesse de), voy. Anne, reine d'Angleterre.
Dangeau, pp. 35, 48, 52.
Daniel (le prophète), pp. 76, 81.
Dapper, p. 56.
Dartmouth (comte de), pp. 49, 65.
Dauphin (le Grand), pp. 45, 46.
David (le roi), pp. 13, 43.
Deddjâl (Ed.), pp. 80, 81, 82, voy. aussi Antéchrist.
Delaval (lord), p. 49.
Del Castillo (Carlos), p. 61.
Del Puerto (fr. F. de San Juan), pp. 11, 23.
Dihya ben Holaila, p. 88.
Djaber Ibn Abdallah, p. 74.
Dou el-Kerneïn, voy. Alexandre le Grand.
Dozy, p. 58.
Du Barry (Mme), p. 26.
Dubois Fontanelle, p. 12.

Ech-Cherif (Moulay), p. 16.
Ech-Chikh (Moulay), p. 66.
Edris I, p. 58.
Edris II, p. 58.
El-Ayachi, p. 114.
El-Boukhari, pp. 3, 85, 91.
El-Ghazali, p. 95.
El-Oualid (Moulay), pp. 62, 114, 115.
El-Oufrani, pp. 11, 13, 16, 29.
Enault (L.), p. 15.
En-Nassiri, p. 11.
Er-Rechid (Moulay), pp. 12, 29.
Estelle, pp. 25, 27, 28, 50, 66.
Estrées (cardinal d'), 41.
Ez-Zaïani, p. 11.

Farwa ben Amr, pp. 88, 89.
Fathma, pp. 57, 77, 79.
Fatime, voy. Fathma.
Fitz-James, p. 47.

Galles (J. Fr. Edward Stuart, prince de), voy. Saint-George (chevalier de).
Gautier (L.), p. 95.
Gayangos (M. de), p. 105.
Georges (prince de Danemark), p. 37.
Giffard (John), p. 113.
Gilles de Laval, p. 16.
Godard (abbé Léon), pp. 12, 23, 68.
Grammont (le chevalier de), p. 35.
Guillaume d'Orange, roi d'Angleterre, pp. 6, 40, 41, 42, 44, 45, 108.

Hamilton, pp. 35, 36, 37.
Hanna, p. 75.
Hassan, p. 57.
Henri IV, roi de France, p. 35.
Henri VIII, roi d'Angleterre, pp. 6, 95.
Heraclius, pp. 5, 87, 88, 89, 95.
Herbelot (D'), p. 83.
Herman de Dalmatie, p. 3.
Houd, p. 70.
Houdas, pp. 3, 11.
Howard (Henry), p. 63.
Hyde (Anne), pp. 36, 37.
Hyde (Edward, comte de Clarendon), pp. 36, 37.

Ibn Khaldoun, pp. 3, 58, 61, 79, 91.
Imran, voy. Amran.
Innocent XI, pape, p. 39.
Isaac, p. 70.
Ismaël, p. 57.
Ismâïl (Moulay), pp. 1, 2, 4, 5, 7, 8, 11-34, 50, 51, 53, 54, 56, 59, 62, 63, 66, 67, 68, 69, 77, 86, 88, 89, 96, 97, 99, 100, 101, 103, 105.
Israël, p. 71.

Jacob, p. 70.
Jacques I, roi d'Angleterre, pp. 113, 117.
Jacques II, roi d'Angleterre, pp. 1, 5, 6, 8, 34, 35-52, 53, 56, 60, 65, 97, 101, 105, 106, 107, voy. aussi York (duc d').
Jardine (Lt-col.), p. 11.
Jean (St), p. 72.
Jean IV, duc de Bragance, pp. 67, 103.
Jean de Jesus Maria (le P.), pp. 33, 89.
Jennett, p. 41.
Jésus, pp. 4, 54, 55, 70, 71, 72, 75, 77, 78, 79, 82, 84, 85, 87, 94, 97, 112, 117.
Joachim, p. 75.
Juda, p. 19.

Kasimirski, p. 75.
Kennett (Robert), p. 3.
Kirke (Richard), p. 63.
Krehl, p. 3.

La Baume, p. 70.
Laborde, p. 22.
La Croix (Pherotée de), p. 56.
La Faye (le P. J. de), p. 12.
La Fayette (Mme de), p. 35.
La Martinière (M. de), p. 24.
Larmessin, p. 7.
Lauzun (duc de), pp. 42, 46.
Lède (marquis de), p. 68
Lescure (M. de), p. 35.
Louis XIV, roi de France, pp. 1, 6, 20, 35, 38, 39, 41, 43, 44, 47, 48, 51, 55, 59, 68, 89, 97, 99, 108.
Louis XVI, roi de France, p. 60.
Louvois, p. 43.
Luc (St), p. 72.
Lude (duchesse de), p. 46.
Luxembourg (maréchal de), p. 43.

Macaulay, p. 35.
Maçoudi, p. 83.
Mahdi, pp. 4, 77, 78, 79, 80, 81, 82, 83, 84, 91.
Mahomet, pp. 3, 5, 13, 54, 70, 71, 72, 73, 74, 76, 77, 78, 79, 81, 83, 84, 85, 87, 88, 89, 90, 91, 93, 94.
Maine (duc du), p. 46
Maintenon (Mme de), p. 33.
Maracci, p. 76.
Marc (St), p. 82.
Marie, sœur de Moïse, p. 75.
Marie (la Vierge), pp. 4, 74, 75, 76, 77, 79.
Marie, reine d'Angleterre, pp. 35, 37, 40, 41, 42, 46, 47.
Martinozzi, p. 38.
Matthieu (St), pp. 72, 81, 82, 85.
Mazarin, pp. 38, 97.
Mendoza (don Juan de), marquis de San German, p. 66.
Messie (le), pp. 4, 74, 76, 77, 78, 79, 80, 81, 84, 85.

Modène (Marie Béatrice de), pp. 38, 97.
Mohammed ben Abdallah, p. 60.
Mohamed (Moulay), pp. 12, 20, 21, 60.
Mohamed (Sidi), voy. Mohamed (Moulay).
Mohl (J.), p. 3.
Moïse, pp. 54, 70, 71, 75, 94.
Montesquieu, p. 15.
Mortara (Juanetin), p. 66.
Mouette, pp. 2, 7, 8, 12, 18, 30, 33, 89, 97.
Moulay abd es-Selam, Moulay ech-Cherif, etc., voy. Abd-es-Selam, Ech-Cherif, etc.

Napoléon I, p. 64.
Nedjachi, voy. Negus.
Negus (le), pp. 5, 87.
Nicholson (lieutt), p. 63.
Noé, pp. 54, 94.
Nolasque (le P.), pp. 12, 17, 23.
Nowaïri el-Djennari, p. 89.

Ockley (Simon), pp. 11, 30, 31, 67.
Orange (prince d'), voy. Guillaume.
Orange (princesse d'), voy. Marie, reine d'Angleterre.

Paul (St), p. 82.
Pellow (Thomas), pp. 11, 20.
Pepys (Samuel), p. 35.
Pélis (François), p. 55.
Pélis de la Croix, pp. 1, 55, 56, 75, 78, 100.
Pètre (le P.), p. 107.
Pedro II, roi de Portugal, p. 65.
Phelps (Thomas), p. 11.
Philippe III, roi d'Espagne, p. 66.
Pidou de Saint-Olon, voy. Saint-Olon.
Pierre de Tolède, p. 3.
Pierre le Vénérable, p. 3.
Plantet (Eugène), pp. 12, 16, 23, 26, 52.
Pompadour (Mme), p. 26.
Pontchartrain, pp. 49, 52.

Rached, p. 58.
Rainsborough, p. 114.
Renan, p. 71.
Ruble (M. de), p. 8.

Sabatier, p. 82.
Sacy (Silvestre de), p. 60.
Safwân ben Moâttal, p. 58.
Saint-Amant (M. de), p. 55.
Saint-George (le chevalier de), pp. 40, 41, 42, 47.
Saint-Olon (Pidou de), pp. 8, 12, 17, 18, 19, 22, 27, 31.
Saint-Simon (duc de), pp. 35, 47.
Saleh, p. 70.
Salomon, p. 13.
Samuel, p. 19.
San German (marquis de), voy. Mendoza.
San Juan del Puerto, voy. Del Puerto.
Saugnier, p. 22.
Sauvaire (H.), pp. 61, 105, 106.
Sauveur de Chénier, voy. Chénier.
Schomberg (M. de), p. 42.
Seran de la Tour, p. 12.
Sévigné (Mme de), pp. 35, 41, 45, 47.
Siméon, p. 19.
Sliman (Moulay), pp. 21, 63.
Stanley d'Alderley (lord), p. 106.

Temim ed-Dari, p. 83.
Thomassy, pp. 12, 20, 22, 26, 49, 52, 61, 90.
Tombut, roi de Guinée, p. 7.
Tourolle, p. 13.
Turenne, p. 36.

Voltaire, p. 35.

Windus (John), pp. 11, 31.

Yacoub el-Mansour, p. 53.
York (duc d'), pp. 36, 37, 38, 39, 40, 49, 63, voy. aussi Jacques II.

Zacharie, p. 78.
Zidan (Moulay), pp. 66, 113, 114.

ANGERS. — IMPRIMERIE ORIENTALE DE A. BURDIN ET Cie.

الحمد لله وحده * ولاحول ولاقوة الا بالله العلي العظيم
لارب غيره ولا معبود سواه *

من عبد الله المتوكل على الله المفوض امره الى مولاه الغني به عمن سواه امير المومنين المجاهد فى سبيل الله رب العالمين *

(1)

ايده الله بعزيزنصره وامده بمعونته ويسره وخلد فى الصالحات شريف منافبه وجميل ذكره ءامين يارب العالمين *

الى طاغية الانجليز القاطن ببلاد الفرنسيس يعقوب المسمى بلسانهم جاكس سلام على من اتبع الهدى وتجنب سبيل الغيى والردا (2) وءامن بالله ورسوله ثم اهتدى

امابعد فانا كتبناه اليك واوردناه عليك وواصلناك بهذا الكتاب

1. اسماعيل بن الشريف الحسنى ايده الله ونصره ۞ انما يريد الله ليذهب عنكم الرجس اهل البيت ويطهركم تطهيرا.

2. الردى.

واعتنينالك بهذا الخطاب لمسألتين اثنتين احد اهما دينية والاخرى سياسية دنيوية وموجب ايراد هما عليك التنبيه لك والا يقاظ والنصح والارشاد وذلك ان اخاك الذى كان مهلّكا على. لانجليز من قبلك كان عرف لنا من الحف ماعرف وتقررعنده من لدنامالهذا الدين الشريف على غيرة من الشفوف والشرف فكان من اجل ذلك يطلب منا المهادنة على طنجة فبعث لمقامنا العلى بالله من اصحابه وخدامة (1) المرة الاولى والثانية من بعث انافة بفضلنا وتنويها بشريف مكاننا وكانت المواصلة بين الملوك والمراسلة مستنة و مشروعة وان اختلف اللسان وتباينت الاديان

فجازيناه على فعله وكافيناه على شغله ووجهناله من خدامنا انباشادورا وصل اليه وقدم عليه كماشاهدته ورايته ففرح بسفيرنا واكرمه اكراما كثيرا وسرّ به وبمقدمه سرورا كبيرا ورجع من عنده مغبوطا مسرورا ولم نزل نراعى له ذلك ووفيناله فى جميع ما كناعاملنا معه فى طنجة ولم نرد البال الى شىء مما كان يعمله بها حين اراد الرحيل عنها وكان ينقل خزائنها ومدافعها وسكانها واهل جوارها من المسلمين يرون ذلك وينهونه الينا ويقصون مايشاهدونه علينا ومالقينا اليه فى ذلك البال ولا التفتنا اليه بحال من الأحوال وما ذلك الامكافاة له على صنيعه مع سفيرناو وفاء بالقول الذى كان طلبه منا و وددنا ان لوكان اخوك بقي حيا الى ان يشاهد صنع الله الذى صنعه لنا فى فتح العرايش من يد لصبنيول ويرى محاصرة سبتة اليوم وما كان اهلها يصرفونه عليها من الاموال وما كان يلزمهم فى مؤنتها من ملايين (2) الريال لتحقف

1. وخدمته. — 2. ملايين.

وباءنالە وغضنـا الـطرق عنه وعلم ان القـول والعهد الذى اعطيناه لم ننقص شيئـا منه فـالصواب الـذى كان من اخيك والحـف الـذى كان يعرفه لنا هو سبب الكتب اليك مكافـاة على صنيعه وهو الـذى اوجب مكاتبتك بهذه المراسلة لنعرض عليك فيها الامرين المذكورين اول الكتاب فاما الدينية منهما ففيها خير الدينا والاخـرة لما فيها من رشادك ونصحك ان وفقك الله تعلى

وذلـك ان تعلم ان الله سبحانـه جـل جلا له وتـقد ست صفـاته واسماؤه انما خلـف هذا الخلق ليعبدوه ويـوحدوه ولا يشركوابـه شيأ قـال الله سبحانه وما خلقت الجن والانس الا ليعبدون مـا اريد منهم من رزق ومـا اريد ان يطعمون ان الله هـوالرزاق ذو القـوة المتين وهذه العبادة التى اوجب(1) الله على خلقه لابد لهامن وسائـط يبلغون عن الله لخلقه ما امرهم به ومن رحمته بخلقه ورافـتـه بهم ان جعل لهم وسائط بينهم وبينه من جنسهم ارسلهم اليهم مـن انفسهم واختارهم من انفسهم فبعث لهم رسلا يـبلغونهم عن اللـه ما جاءوا به من عنده فتامن بهم من اراد الله سعادته وكفربه(2) من كتب شقاوته

وختمهم بخاتم انبيـائه سيدنا محمد صلى الله عليه وسلم وجعـله خاتـم النبيين وسيد المرسلين وجعل دينه خير الاديـان وشريعته افضل الشرائع وملته خير الملل ولقد بشربه وببعثه عيسى كما بشربعيسى موسى بن عمران على نبينا وعليهما وعلى جميع الانبياء الصلاة والسلام ونبينـا عليه السلام وان كان ءاخر الانبياء بعثا فهـوا لهم خلفا

ومايجب اعتقاده ان الانبيـاء كلهم يجب الايمان بهم فلانفـرق بين احـد منهم وان المسيح بن مريم على نبينا وعليه الصلاة والسلام

1. اوجبها. — 2. بهم.

هواحد الرسل الذيـن جاء واعن الله من غيراد عاء مهاتـد عون ولا اطراء مها تطـرون فال الله تعالى بي حق امه الصديقة ومريم ابنة عمران التى احصنت بـرجها بنبخنابيه من روحنا وصد فت بكلهات ربهاوكتابه وكانت من الـفانتين وفال تعالى بي حفه ان مثل عيسى عند الله كمثل ادم خلفه من تراب ثم فال له كن بيكون وفـال تعالى انماالمسيح عيسى بن مريم رسول الله وكلمته الفاها الى مريم وروح منه بئامنوا بالله ورسوله ولاتـفولوا ثـلاثـة انتهوا خيـرلكم انما الله اله واحد سبحانه ان يكون له ولد له ما بي السماوات ومـا بي الارض وكبى بالله وكيـلا لن يستنكب المسيح ان يكون عبد اله ولا الملائكة المفربون ومن يستنكب عن عبادته ويستكبر بسيحشرهم اليه جميعا

و من المعتقد ان المسيح ربعه الله اليه وان اليهود لعنهم الله ما فتلوه وما صلبوه ولكـن شبه لهم وانه ينـزل بيـن يدى الساعة بيجد المهدى من هذه الامة من ولد بـاطمة ابنة الـنبى صلى الله عليه وسلم يفاتـل الـدجال ويجـده فداقـيمت عليه الصلاة بيفول له تـفدم يا نبيـى الله اويـا روح الله بيـفول له عليه السلام عليك افيمت بيصلى خلب رجل من امة نبينا صلى الله عليه وسلم ويحكم بشريعته ويفتل الدجال بينكره النصارى ويفتلهم ويفتل اليهود حتى يكلمه الحجرويفول يانبي الله هـذا يـهودى وراءى بافتله وفد اخبرنا بهذا كله نبينا صلى الله عليه وسلم بفوله والذى نبس محمد بيده ليوشكن ان ينزل بيكم المسيح بن مريم حكما مفسطا بيكسر الصليب ويفتل الخنزير ويضع الجزية ويبيض المال حتى لايفبله احد ولا يفبل الا للاسلام(1) وهو معدود بى اصحاب نبينا صلى الله عليه وسلم

(1) ولا يفبل الا الاسلام.

وقد عرف هذا جماعة من اعلام النصارى وملوكهم الذين هد اهم الله ومن عليهم باتباعه كالنجاشي ملك الحبشة حتى عد من الصحابة وصلى عليه نبينا صلى الله عليه وسلم يوم مات وهو بارض الحبشة وهو احد من خاطبه النبي صلى الله عليه وسلم ودعاه الى الاسلام كما خاطب قيصر ملك الروم جد هذا الملك الذى لجأت اليه وانت مقيم لديه ولقد كتب اليه يدعوه الى الاسلام بظافر أكتابه ووعاه وكان عنده من العلم المكنون ما عنده سال من حضره من العرب عن صفاته واحواله وسيرته ومايدعو اليه ومايامربه وما ينهى عنه فقال انه النبي المنتظر الذى بشربه عيسى وسيملك موضع قدميّ هاتين وشاور ارباب دولته واهل ملته فى اتباعه فضجوا وحاصوا حيصة الحمر الوحشية فساءهم وساءدهم فخلا بهلكه وحين بلغ خبره نبينا صلى الله عليه وسلم فقال ضن اللئيم بهلكه ولقد رسخت فى قلبه معرفة هذا الدين وفضله على سائر الاديان لكنه لم يسمح بهلكه

وبكل حال من الاحوال فهذا الدين الحنيفى هوالذى اختاره الله دينا وارتضى له نبيا امينا وجعله افضل الاديان قال الله سبحانه فى محكم القرآن ان الدين عند الله الاسلام وقال تعلى ومن يتبع غير الاسلام دينا فلن يقبل منه وهوفى الاخرة من الخاسرين فمن امعن النظر واستعمل الفكر و وزن الاديان بميزان الحق والعقل عرف ان دين الاسلام هوالدين وان غيره كله لعب وعبث من لدن بعث الله نبينا الذى ختم به الا نبياء وتقرر لديه انها كلها باطلة واهلها للنار

و قد وقع اختبارالاديان وايهم افضل لبعض عقلاء النصارى وقد نظرفيما عليه المسلمون وفيما عليه النصارى وفيما عليه اليهود فاراد ان يختبرهم من جهة المعقول فاتى نصرانيا وقال له اى لا ديان

ابضل دين النصارى او دين اليهود او دين المسلمين بفال له النصرانى دين النصارى ابضل بفال له و اى الدينين ابضل دين اليهود او دين المسلمين بفال له النصرانى دين المسلمين باتى ليهودى وفال له اى الاديان ابضل دين المسلمين او دين النصارى اودين اليهود بفال له دين اليهود بفال له وايهما احسن ادين النصارى ام دين المسلمين بفال له دين المسلمين باتى المسلم[1] وفال له اى الاديان ابضل بفال له دين المسلمين بفال له واى الدينين ابضل ادين اليهود او دين النصارى بفال له لاخير بيهماعا بالدين الفويم هو دين المسلمين بعرب هذا النصرانى المذكور بعفله ان الدين هودين الاسلام وان ماسواه محض ضلال وان اليهود والنصارى ليسوا على شىء وفدوفع معنى هذا بى كتابنا فال الله عزوجل وفالت اليهود ليست النصارى على شىء وفالت النصارى ليست اليهود على شىء وهم يتلون الكتاب

وها نحن فد املينا عليك نبذة من الاى الفرآنية والا حاديث النبوية والد لا ئل المعفولية المطبفة على ابضلية هذا الدين الفويم وغيره كله انما هو بى سواء الجحيم وانت ان خممت مع راسك وبكرت بى نبسك واخترت الدار الاخرة على الدنيا ودخول الجنة على النار بانت عربت سبيلها باتبع هذا الدين الحنيبى وانطف بالشهادتين بان من فال لااله الا الله محمد رسول الله دخل الجنة ولو فالها مرة بى عمره ويدخلها بشباعة نبينا صلى الله عليه وسلم بان له بى اهل الكبائر و الجرائم والذين نبذ الوعيد بيهم شباعة عظمى خصه بهاربه بى الموفب العظيم ووالله ان انت اعتفدت هذا الاعتفاد ووبفك الله اليه وعملت

1. المسلم.

ماعمله فيصر من اعتفاده بفلبه وتيفنه به فى نفسه حتى تحمد ذلك حالا ومئالا ان شاء الله فهذه المسالة الدينية التى نصحناك بها

والمسألة الدنيوية هى اذا انت احببت الابفاء على دين الكفر بدين فومك الانجليز اخف وايسر عليك من عبادة الصليب ومتابعة الذين يجعلون لله الولد وينزهون عنه رهبانهم واى شىء رأيت فى تغريبك عن وطنك وبعدك عن بلدك وخروجك عن ملة ابيك وجدّك وتدينك بدين غيردين فومك وان كان الجميع على ضلال فدينكم انتم معشر الريكس ايسر من اولئكم المتوغلين فى الكفر وحتى امراتك الفرنسيسة التى كانت تحوزك على التعبد بدينها هاانت الان افترفت معها فعلى ماذا انت باف فى جوارالفرنسيس تارك ملتك وادع ملك ابيك واخيك لغيرك راض بالافلامك يتملك على جنسك وانت بالحياة فوالله ما احببنا لداركم ولا لمملكتكم يتولى رياستها الفلامك او غيره فالغ عنك ماتقدم بينك وبين فومك فان الصواب معهم فى الا نكارعليك بسبب الدين الذى اختلفت معهم فيه واعتذرلهم وعاودهم وراجعهم ووالله لولا انا اناس عرب لا معرفة لنابالبحر او كان عندنا من يحسى معرفته او نستوثق به فى الجيش ونطلفه فى يده حتى نكاتب الانجليز ونبعث لك من الجيش ماتدخل به عليهم وتتولى به ملكك

ولكن مسئلة واحدة نعرفك اياها فحاول حتى تنفصل من بلاد الفرنسيس وافصد لجوبة بلاد البرتفال وها زوجة اخيك البرتفالية اليوم هنالك ولفد كان لها عند اهل ديوانكم وجه وكلام ومن هنالك تنفرب المسافة بينك وبين فومك وتسهل عليك مناولة الكلام معهم لاكن بحيث لايكون للافرنسيس بك شعور واما اذا عرفوا منك

ذلك فلا يتركونك ولا يطلقونك لمسألتين احد اهما لا يريد ونك تترك دينهم وترجع الى دين فومك والثانية يخافون انك اذا راجعت فومك ربما تعاديهم وتحاربهم لا سيما حيث عرفتهم وعرفت عزة بلادهم والملوك دائما تحذر من مثل هذا وقد نصحناك ء ارايناك ما يليق بك في دينك ودنياك ووالله مانكره لك الهداية والرشاد

وفد بلغنا انك تروم الوصول الى رومة فاياك وان تحدث نفسك بشيء من ذلك فانك اذادخلتها تحتل بها ولا تطمع في الخروج منها ولا في ملك بعدها ابدا فعلى كل حال ان انت راجعت فومك ودينك نجدد معك ما كان بيننا وبين اخيك ووالله ما زال حديثنا الذى كان عنده يذكرلنا من صوابه وخيرة ما او جب مكاتبتنا لك بنصحنا اياك وفد احببنا ان تكون المودة والمراسلة بيننا وبينك فتنتفع بها على كل حال ان شاء الله والسلام على من اتبع الهدى وكتب في النصف من شعبان المبارك عام تسعة ومائة والف

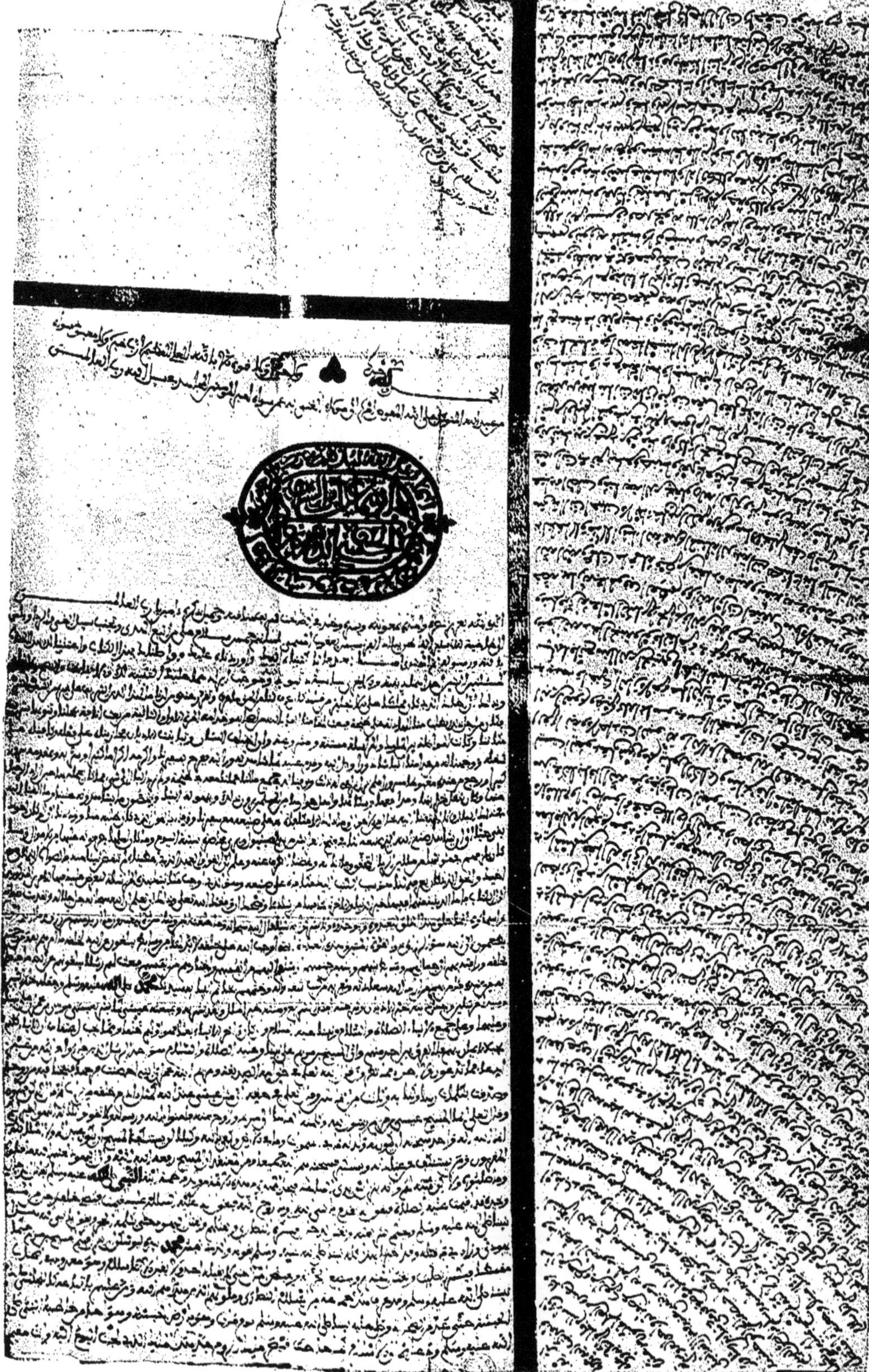

En nombre de Vnselo Dios todo Poderosso

A Yacob Rey de Ingalaterra guarde Dios por quanto las muchas [illegible]

www.ingramcontent.com/pod-product-compliance
Ingram Content Group UK Ltd.
Pitfield, Milton Keynes, MK11 3LW, UK
UKHW012227240726
13966UKWH00003B/990

9 782012 851795